Cuando el Mundo se Detiene

La Fuerza Para Seguir Adelante

Soemi Morales González

Cuando el Mundo se Detiene: La Fuerza Para Seguir Adelante

ISBN: 979-8-89660-162-3

Edición: José Luis Navajo (Ágora Literaria)

Diseños: Benny Rodríguez (My360Designs.com / AcademiaDeAutores.com)

Categoría: Vida Cristiana, Esperanza & Sanidad

Dedicatoria

A cuantos ahora atraviesan un proceso de rehabilitación física, y tuvieron que poner su vida en pausa para atender un aspecto fundamental de su salud: este libro es para ustedes. Sé lo difícil que resulta detenerse cuando el mundo sigue girando, y conozco el valor inmenso que se necesita para seguir adelante a pesar de las limitaciones. Que estas palabras les sirvan de inspiración, les recuerden que no están solos y que, con disciplina y esperanza, cada pequeño paso cuenta. La fortaleza de su espíritu es admirable, y su historia, aunque aun en proceso, está llena de valentía y propósito.

Contenido

Prólogo

A los cuarenta y un años, se convirtió en el primer fotógrafo invidente en cubrir unos Juegos Paralímpicos, siendo el encargado de capturar el momento en el que la saltadora Marie-Amélie le Fur rompió el récord mundial.

¿De quién estoy hablando? Me refiero a João Maia da Silva, el fotógrafo ciego de los Juegos Paralímpicos. El brasileño perdió la vista a los veintiocho años, pero desde entonces ha tomado las mejores instantáneas de su vida. Cuando le preguntaron cómo lograba capturar las imágenes de los atletas, respondió: *"No necesito ver para fotografiar; tengo los ojos del corazón"*. Y añadió: *"La fotografía es sentir, usar los sentidos, como la audición, y tener sensibilidad por encima de todo"*.

¿Qué tiene que ver esto con el prólogo que redacto para *"Cuando El Mundo Se Detiene"*? Tiene mucho que ver, porque el trabajo que ha realizado Soemi Morales, y que ahora todos podemos disfrutar, está profundamente conectado con las palabras del fotógrafo ciego: el auténtico escritor captura imágenes con el corazón, ve también con los oídos y plasma cada palabra impregnándola de emociones y sensibilidad.

Al sumergirte en las líneas escritas por Soemi, descubrirás que esas frases exhalan sentimientos, forjadas en el taller de un Herrero. Hay palabras cuyo filo diseccionará tu alma, pues fueron aguzadas a golpe de adversidad. Muchos creativos —músicos, escritores, pintores— coinciden en que sus mejores obras no nacieron en las cimas, sino en los abismos.

A ese género pertenece este libro. *"Cuando El Mundo Se Detiene"* es un telegrama urgente a la conciencia de los lectores, pero también un soplo de aire fresco para quienes se debaten en los desiertos de la vida. La mayoría de estas páginas no fueron escritas bajo el radiante sol del mediodía, sino en severas noches del alma. Y esa autenticidad les permite conectar de manera profunda y eficaz con quienes transitan los humedales y bosques sombríos.

Esto no significa que quien hoy disfruta de una exuberante primavera no vaya a encontrar riqueza en este libro; por supuesto que la encontrará. Los capítulos que componen esta obra no solo enjugan lágrimas, también dibujan sonrisas. Con su escritura, Soemi traza una hoja de ruta hacia la tierra de la esperanza, un mapa del tesoro que nos aproxima a la preciosa riqueza que habita en el corazón de Dios.

Permitidme que, para concluir esta introducción, regrese a las palabras de João Maia da Silva. Él dijo: *"Una vez que hago una foto, ya no es mía, sino del mundo".*

Querida Soemi, has completado este trabajo con ilusión y esfuerzo, y hoy lo entregas al mundo. Deja que este hijo de papel y tinta recorra su propio camino. Como todo hijo, te dará grandes alegrías, y si alguna vez te causa algún disgusto, recuerda que también eso hacen los hijos. Sin embargo, las satisfacciones siempre pesarán más. Y algo más a considerar: *"Como fotógrafo ciego —dijo João Maia—, no puedo ver el resultado de mi trabajo, pero eso no me frustra"*.

Recuerda esto, Soemi: en muchos casos no verás el impacto completo de la obra que hoy legas al mundo. Muchos de los frutos hermosos de este libro quedarán fuera de tu alcance. Pero no te preocupes por eso. Tú has hecho lo natural; Dios se encargará de lo sobrenatural.

Damas y caballeros, bienvenidos a un viaje que, de algún modo, transformará sus vidas. Encuentren un lugar tranquilo, serenen su alma y disfruten de este océano de letras, donde hallarán preciosos arrecifes de coral.

Gracias por este legado, Soemi Morales. Mi oración es que sea solo el primero de muchos otros regalos que ofrezcas al mundo.

José Luis Navajo
Pastor y Escritor

1

Llegando a la Cima

Escribo estas líneas a más de treinta mil pies de altura, desde un avión, camino a Colombia. Donde estuve hace solo unos meses y viví una de las mejores experiencias de mi vida: Presentar en un evento internacional. No puedo dejar de sentir esa efervescencia que recorría todo mi cuerpo. Era la primera vez, que daba una conferencia en un escenario que reunía a más de cuarenta y cinco conferencistas de cuatro continentes. Rodeada de gente importante, y yo estaba allí.

La verdad es que esta jíbara de Cibao Ocasio, Camuyana sabía cómo abrir caminos inimaginables, donde la mano de Dios me acompañaba. Vengo años, enfrentando retos que habían desembocado en ese momento. Soy la primera puertorriqueña en obtener una Certificación Internacional en Auditoria Forense. Un tema nuevo para muchos, y que en otro capítulo le daré más detalles. Ahora volvamos a Bogotá

Viaje con mi hijo, un jovencito de diecisiete años, que estaba feliz, de conocer un nuevo país. Nos hospedamos en un Hotel increíblemente hermoso. Una recepción impresionante, con una lámpara enorme y una mesa llena de orquídeas. La decoración contemporánea y moderna, combinaciones de madera, cuero y metales.

Era muy tarde, casi media noche cuando arribamos. Estábamos cansados y teníamos hambre. Dimos un recorrido por los restaurantes y observamos las amenidades que había disponibles. El agotamiento se confundía con el éxtasis de la experiencia que estábamos viviendo. Pedimos unos aperitivos y nos sentamos a conversar. Quería conocer su impresión del suceso.

Francisco ha sido mi compañero. Ha estado conmigo en la Universidad, y en las diferentes facetas de mi vida profesional. Yo no podía estar mejor acompañada. El privilegio era todo mío. Él me vio moler vidrio con mis pies descalzos. Estudié con él en mis brazos, estuvo presente en mi graduación de bachillerato, fue vigilante en las desveladas noches de la maestría, y ha estado a mi lado cuando los días no eran tan brillantes. Me dio mi título más importante, el de ser mamá. Merecía estar allí.

Desempacamos la maleta llena de sueños que cada día veía más cerca y me sentía aterrada. No podía creer que había dicho que sí. La impostora se apoderaba de mis pensamientos. ¿Y si me quedaba paralizada? ¿Y si se me olvidaba lo que tenía que decir? ¿Y si decía un disparate? Toda aquella gente sabía tanto, ¿qué iba yo a aportar allí?

Fue entonces cuando miré su rostro, y recordé que tenía que ser valiente. Había alguien que mira mis pasos, que se guiaba de mi ejemplo y estaba allí conmigo, en aquella habitación. Dios me había preparado para ese momento. Todas las batallas que había librado tenían un propósito, y me habían dotado con las herramientas necesarias para estar allí. Tenía mi mochila llena con las experiencias únicas, que me hacían la persona indicada. No podía permitir que el miedo me controlase. Es lícito sentir temor, pero no debemos tolerar que este nos bloquee, y mucho menos dudar de que ese era mi lugar.

Comenzamos la jornada del día siguiente con un Taller Práctico de Auditoria Forensc. La cuforia de los compañeros que viajaban de diferentes países para la graduación de la segunda cohorte, y del que me habían permitido participar. Tantas caras conocidas y de las que guardaba bonitos recuerdos.

Nos confundimos en abrazos y regresaba a mí la seguridad de estar con mi gente, los que nos graduamos juntos de la primera Certificación, a principio de año en Costa Rica. Profesionales con sed de aprender y compartir sus conocimientos, que no se amilanaban con que las cosas no salieran como habían esperado. Comprometidos con estar preparados para seguir mejorando en nuestra disciplina de estudio.

Los sentimientos comenzaban a cambiar. Ya no sentía miedo. Tenía a mi lado las personas correctas, que creían en mí, que me habían empujado hasta ese lugar. ¡Qué importante es rodearse de las circunstancias adecuadas para florecer!

El día siguiente comenzaba el evento *"World Compliance Forum Bogotá 2023"*. La agenda estaba citada para las 6:30 am. Llegaba la delegación de Puerto Rico, y aparecían muchas caras conocidas, los que habían sido mis profesores, otros compañeros, gente con la que había compartido en el evento anterior, profesionales de calibre internacional, los que están cambiando el mundo en temas de regulación y cumplimiento.

Tuve la oportunidad de conversar con el Rector de la Universidad para la Paz, organismo de las Naciones Unidas. Profesionales que trabajan en la Prevención del lavado de Activos y Delitos Conexos. Entre ellos, había un profesor de África, que hablaba sobre el rol de la Armada Nacional en la Prevención de Delitos Transnacionales.

Otras conferencias como el metaverso, inteligencia artificial en prevención de fraude, desarrollo de inteligencia financiera, Cripto activos, entre muchos otros. Fue un día muy productivo. Conocí gente impresionante, que están haciendo cosas increíbles en todo el mundo. Cada uno desde el lugar donde sirven, el gobierno, el sector privado, organizaciones sin fines de lucro, la academia, y la investigación. América Latina unida en temas que nos devuelven calidad de vida, justicia y democracia. Conformamos un espacio de aprendizaje y camaradería.

Llego el gran día, y estábamos casi ya en el cierre del evento. Mi presentación había sido programadas para las 4:00 pm y hablaríamos de la Prevención del Fraude en las pequeñas y medianas empresas. Es un tema que como auditora y empresaria estoy muy familiarizada.

Las Pymes representan más del 95% de la actividad comercial en Latinoamérica, en Puerto Rico, el número es aún mayor. Son la principal fuente de empleo y el recurso más importante de la economía nacional de nuestros países. También el principal vehículo para el blanqueo de capital.

A medida que el tiempo avanzaba, así también mi corazón se iba acelerando. Solo me quedaba confiar, de que, si esa oportunidad había sido un regalo de Dios, Él pondría en mi boca las palabras correctas para ese momento. Durante toda mi vida, me he propuesto metas ambiciosas, que con trabajo y esmero he logrado, muchas veces no en el tiempo que espero, sino cuando han sido su voluntad.

Agradecí ese momento, y poder compartirlo con mi hijo. Estaba en Bogotá, Colombia, levantando la bandera de Puerto Rico. ¡Qué orgullo! Una nueva mezcla de emociones me invadía. Era como si el alma se saliera de mi cuerpo y mirara esta estampa desde arriba. Esta vez la impostora me dejaba disfrutar.

"Reconócete, has llegado a la cima de tu carrera profesional. Aunque te quedan mil proyectos que llevar a cabo. Este es el momento que tienes ahora. Esta es la victoria por la que tanto has trabajado. Dios te trajo hasta aquí."

2

Cirugía

Nací con displasia en mi cadera derecha, aunque no fue diagnosticada hasta mi adultez. Esta condición provoca una deformidad en el fémur y en la pelvis, lo que me generaba un dolor intenso, y hasta incapacitante en muchas ocasiones. Se me hacía muy difícil caminar más de diez minutos consecutivos, y había días en los que precisaba de ayuda hasta para vestirme.

Desde niña chocaba las rodillas cuando caminaba, a raíz de eso el médico especialista me prescribió ganchos con zapatos ortopédicos, que me impedían jugar con mis hermanos y primos. Mi abuela pasaba horas amarrando las *"correítas"*, que luego yo, con un par de tirones, deshacía quitándome los zapatos y me echaba a correr, aunque cuando mi padre lo hacía tardaba un par de segundos más. A pesar de los retos que comencé a superar desde muy temprano en mi vida, esta condición de salud no me impidió tener una niñez tan activa como feliz.

Siempre tuve una forma de caminar muy particular, un zarandeo diferente, que llamaba la atención de muchos. Había algunas actividades cuyo desarrollo se me dificultaba bastante, como mantenerme de pie, hacer deportes, o sentarme con las piernas cruzadas. Se me hacía necesario cambiar de postura con mucha frecuencia.

Estas eran algunas de las señales que daba mi cuerpo, intentando avisar de que algo no andaba bien; pese a todos los síntomas, seguía sin un diagnóstico certero. Recuerdo las múltiples ocasiones en que me llevaron al hospital debido a los intensos dolores que sufría. Allí me practicaban algún análisis o sonograma, y como el dolor era pélvico, lo atribuían a una infección, incluso arrojaban el veredicto de que era parte del crecimiento.

Algunas veces el dolor en las piernas me impedía moverlas, se quedaban paralizadas, sentía que me pesaban toneladas y una sensación equiparable a la de corrientes eléctricas, recorría todo mi cuerpo con cada intención de movimiento. Lamentablemente - y sorprendentemente - nunca el médico ordenó una radiografía que pudiera revelar las severas atrofias que escondían mis huesos.

¿Cómo llegué a descubrir la causa de tanto dolor? No existen las casualidades y Dios siempre coloca en nuestro camino a las personas correctas, en los momentos que más lo necesitamos. Solía hacer ejercicios en un gimnasio de Lares, a menudo acudía acompañada por una amiga cuya profesión es médico de familia. Ambas practicábamos la misma rutina y teníamos una constitución física muy similar.

Había muchos ejercicios que podía hacer sin mayor dificultad, mientras que otros, simplemente me resultaba imposible realizarlos. La doctora me acusaba de ser vaga, aduciendo que era imposible que pudiera realizar unas actividades y otras no. Un día mi compañera me trajo tres órdenes médicas para realizarme estudios radiológicos que revelar la razón de mi flojera.

A los pocos días llegaron los resultados, que para nuestra sorpresa fueron definitivamente clarificadores. La lectura hacía referencia a malformaciones óseas, espolones, fracturas calcificadas, necrosis vascular, en fin, era casi un milagro que todavía pudiera caminar. Resultaba increíble que, con todos aquellos hallazgos, nadie en treinta y dos años se hubiese percatado de la displasia en la cadera derecha, que evidentemente era congénita.

En ese punto comenzó mi calvario. Inicié una gira por diversos especialistas que pudieran dar alguna solución a mi condición. Escuché a diferentes ortopedas y todos concluían que mi situación era muy difícil y que había muy pocas opciones que no incluyeran una prótesis de cadera. Tal cirugía implicaba un complicado postoperatorio y periodo de recuperación superior a un año.

- *"Las radiografías presentan una estructura ósea propia de una señora de ochenta años"* - me comentó uno de los doctores.

Las esperanzas desaparecían, pero mi dolor era insoportable, constante y cada día más difícil de sobrellevar. Por otro lado, pensar en una recuperación tan lenta e incapacitante me provocaba una enorme angustia. ¿Cómo iba a cuidar a mi hijo? ¿Qué pasaría con mi negocio que tanto trabajo me había costado levantar? ¿Y si no quedaba bien?

Los riesgos físicos de una operación tan compleja incluían la posibilidad de precisar de forma permanente un dispositivo para moverme. Así que la impostora me acompañó de forma constante durante mi búsqueda de una mejor calidad de vida. Me refiero a esa voz interior y persuasiva que te anima a quedarte en la zona cómoda. Aunque era muy doloroso, lo cierto es que era lo que siempre había conocido.

¿Te imaginas tener un día sin sentir dolor? Eso era algo que **nunca** había experimentado, y era mi motivación para continuar buscando alternativas que me propiciaran una vida mejor.

Cuatro años después de haber sido diagnosticada, apareció un médico que me dijo que tomaría mi caso.

- *"Puedo operarte"* - me dijo, y para mi alivio y sorpresa añadió – *"conozco un procedimiento quirúrgico que garantiza una mejor recuperación"*.

Una vez más, en el tiempo de Dios, esperando la gente correcta en mi vida, sin mucho más que pensar, lo planifiqué, me tomó casi un año localizar en el calendario una fecha para la cirugía que me permitiera después, al menos seis semanas de descanso total.

Esa fecha fue agosto del 2023. Llegando del viaje de Colombia, fuera de la temporada contributiva y habiendo completado los contratos que tenía pendientes, baje cuarenta libras de peso, hice pre-admisión, y el siguiente lunes, estaba camino a Sala de Operaciones.

Mis padres aguardaban por mí en la sala de espera de Cirugía, del tercer piso, en el Hospital Pavía. Llegué acompañada de mi esposo, feliz y muy segura de haber tomado la decisión correcta. Convencida de que iba con la bendición de Dios, sin nervios, ni miedos; con mi mejor sonrisa y un deseo enorme de no volver a sentir dolor.

Al escuchar mi nombre por megafonía, me levanté diligente, me despedí de mi familia, le envié un beso a mi hijo y caminé por aquel largo pasillo, hacia una de las metas que me había propuesto cuatro años antes. Me proveyeron una bata de papel, y me indicaron cuál sería mi cubículo para prepararme hacia la cirugía.

El enfermero me aplicó un suero con antibióticos y un sedante, además de diversos medicamentos orales. En menos de una hora me dirigía al quirófano. Una vez adentro, acostada en la mesa de cirugía, un auxiliar médico hacía dibujos en mi cadera cuando, sorpresivamente, el médico ordenó que me sacasen del quirófano y me condujesen, sin haberme operado, a la sala de recuperación. ¿Qué había ocurrido? El doctor me explicó:

- *"Lo lamento, ocurre que la bandeja quirúrgica ha llegado incompleta. He ordenado que soliciten las piezas que faltan. Confiamos en que la compañía fabricante de este dispositivo médico lo suministre rápidamente"* - y concluyó diciendo – *"En dos horas volveremos a la sala de operación".*

Pedí que dejaran pasar a mi madre para informarle de lo sucedido y evitar que la larga espera pudiera angustiarla.

En cuanto llegó el transportista con la nueva bandeja, me llevaron nuevamente a cirugía. Casi era medio día, los sedantes ya hacían efecto y estaba otra vez acostada en la mesa de cirugías. Entonces escuché a lo lejos gente hablando con un tono de voz fuerte. El efecto de los medicamentos no me permitía comprender lo que a mi alrededor acontecía. Cuando logré abrir los ojos aprecié un montón de personas en torno a mí. Me hablaban, pero yo no entendía nada, hasta que finalmente logré entender a uno de ellos:

- *"Vamos a posponer su cirugía hasta el viernes próximo"* - me dijo – *"La bandeja que ha llegado no cumple con los estándares que exige el cirujano, por lo tanto, hemos solicitado otra bandeja a una compañía diferente y el trámite demorará unos días".*

Finalmente, me cortaron la pulsera de identificación y me enviaron a casa. Los efectos de los sedantes y los medicamentos no me permitían despegar la cabeza de la almohada. Mi esposo me llevó a casa y después marchó a su trabajo. Me quedé sola y casi inconsciente. Debía buscar a mi hijo al trabajo, y ni siquiera podía abrir los ojos por más de treinta segundos.

Los siguientes días fueron un regalo de Dios; pude completar asuntos pendientes que tenía en la oficina, visité a mis abuelos y hasta grabé un segmento para televisión de uno de los programas que estábamos trabajando en la empresa.

En esos días reflexionaba sobre el control y en cuán a menudo nos ofuscamos en que las cosas sean exactamente como las habíamos planeado, sin embargo, no podemos controlar todas las variables, y cuando eso ocurre es mejor dejarse llevar por el Escritor de nuestra historia, pues Él conoce cuál es el plan perfecto para nuestra vida.

El siguiente viernes regresé al hospital. Lo hice cargada nuevamente de buena energía y confiada en que la voluntad de Dios me acompañaba en mi proceso. Me esperaban mis padres en la ya conocida sala del tercer piso. De nuevo recorrí el largo pasillo hasta la Sala de Operaciones, nuevamente me embutí en la bata de papel y entré a quirófano.

Estuve consciente en todo momento, escuché cuando abrieron mi piel, percibí cómo cortaron mis huesos, taladraron el fémur, incrustaron una pieza de metal en mi pelvis. La pérdida de sangre era abundante. Colocaron la prótesis y seguía perdiendo sangre. Encajaron la prótesis en el reemplazo de la base de la pelvis, y suturaron. En definitiva, una compleja intervención quirúrgica a la que asistí en vivo y en directo, plenamente consciente de cada sonido, sensación y respirando cada segundo de tensión.

Gracias a Dios pudo solventarse la ingente pérdida de sangre y, esta vez sí, salí de allí con una cadera nueva. No era el final del túnel, pero sí había alcanzado una de las cumbres de la victoria.

3

Una Hoja en Blanco

No hay forma de escapar de esta nueva realidad que me aguarda: La cirugía. Es cierto que enfrenta muchos retos, pero también lo es que resulta imprescindible. Los riesgos son diversos, unos a corto plazo, como que necesité dos transfusiones de sangre, por la cantidad de hemoglobina que perdí, y otras de las consecuencias requerirán mucho más tiempo para ser digeridas y aceptadas: una pierna quedó más larga que la otra, por casi una pulgada.

Como resultado tendría una ardua recuperación que conllevaría decenas de terapias físicas y ocupacionales, precisaría dispositivos de apoyo para su movilidad, lo que restaría gran parte de mi independencia, fuertes dolores por el desnivel del cuerpo. Absolutamente, **nada** era como lo había planificado, necesité armar un nuevo plan.

El inicio de este trayecto implicó aceptar mi situación, agradecer por esta nueva oportunidad y reunir la valentía para seguir adelante. No me refiero a resignarme, sino a avanzar con determinación y una gran sonrisa en mi rostro, sin dar lugar a quejas o lágrimas.

Mi estancia hospitalaria se extendió a cinco días (originalmente se contemplaban solo dos), seguida por once días de rehabilitación. Durante este tiempo, me vi en la necesidad de aprender de nuevo a realizar actividades cotidianas: caminar, sentarme, levantarme, bañarme, acostarme, vestirme, ponerme medias y zapatos, todo ello adaptándome a las nuevas limitaciones de mi cuerpo. Cada pequeño logro se convirtió en un triunfo significativo en mi proceso de recuperación, inspirándome a continuar con determinación y gratitud por cada avance, por mínimo que pareciera.

En el Centro de Rehabilitación, conocí profesionales muy comprometidos en su apoyo a los pacientes para mejorar su calidad de vida. Escuché historias sorprendentes que me inspiraron a escribir estas palabras. Estar allí y ser vulnerable a todo lo que había conocido durante el transcurso de mi vida, cambió mi manera de pensar, y alteró conceptos como la compasión y la empatía.

La sociedad me pide que sea una mujer fuerte, trabajadora, buena madre, que no me queje, que siempre sonría, que me mantenga callada y acepte lo que pasa sin levantar la voz. Sin embargo, mi nueva realidad, despertaba otras emociones. Esta lección de vida la aprendí con honores, en una circunstancia casi aterradora.

A pesar de mi tragedia, soy bendecida. Sentí que mi difícil movilidad suponía dinamita para la estructura de mi mundo, sin embargo, ahora me veía rodeada de personas con problemas mucho mayores a los míos, sinceramente era una mezcla de sentimientos que me inundaban.

Soy una hoja en blanco, y yo decido cómo escribir este capítulo de mi vida: Puedo hacerlo con el tono de victoria, pues fue un episodio que me ayudó a crecer como ser humano. Puedo también encararlo como un fracaso que mutiló mi cuerpo y me hizo sentir desdichada.

Entonces, ¿Qué voy a hacer con esta experiencia? Todo lo que me suceda de ahora en adelante va a depender de la actitud con la que asuma mi rehabilitación. Más allá de la reparación de un cuerpo, este momento es una oportunidad de sanar mi alma, reconciliarme conmigo, amar mi carne exactamente como es, fortalecer mi espíritu y agradecer a Dios porque estoy llena de amor.

Sin importar lo que ocurrió en el quirófano, lo que he recibido de mi familia, mis amigos, los profesionales del hospital, mis clientes, y la gente cotidiana que me encuentro en mis actividades diarias, ha sido asombroso, y me llena de esperanza. ¡Los buenos somos más!

Recibí decenas de llamadas de personas disponibles para donar sangre para mí, y cientos de mensajes cargados de buenos deseos y oraciones. Mirar los rostros de las personas en esa sala, era la mejor evidencia de que la disposición de la gente era la clave para sanar.

La fuerza física y mental solo se desarrolla con paciencia y esfuerzo. Por lo tanto, todos mis pensamientos tienen que estar alineados con un único objetivo: Vencer el miedo, las preocupaciones y la debilidad. El alma atrae lo que en esencia es, y yo declaro sanidad sobre mí. Sigo trabajando en ello todos los días, convencida de que mi Dios no me da pruebas sin brindarme las herramientas para superarlas.

Ningún suceso es tan grande como para definir quién soy, ni tan pequeño como para que no aporte al desarrollo de mi personalidad. Somos exactamente el cúmulo de nuestras experiencias, sumado a las circunstancias que escogemos que nos rodeen. Este momento pronto será un recuerdo, y solo me quedará lo que pueda construir con aquello que decida aprender de este proceso. Por mucho tiempo me afané con controlarlo todo, ahora, tuve que soltar, delegar, rediseñar, y levantar la mano para pedir ayuda. ¡Eso sí que es difícil!

En ocasiones tenemos que pasar por experiencias que nos sacuden, para construir una mejor versión de nosotros. No tengo idea de cuál sea el plan de Dios, ni por qué permitió que atravesara por este calvario, acepto con amor mi cruz, y reconozco que una nueva criatura está surgiendo, más compasiva, generosa y consciente del impacto que tienen acciones muy pequeñas en la vida de los demás. Ser vulnerable en uno de los momentos cumbre de mi carrera, me trae muchas preguntas, de las cuales aún desconozco la respuesta. *"Pero me llega el eco de aquella frase que escuché, o tal vez leí: Hay noches en las que todo son preguntas, pero amanece el día en que llegan las respuestas".*

4

El Plan Perfecto de Dios para mí

Anteriormente, mencioné mi firme creencia en *"el plan perfecto de Dios para mí"*. Mantenerme esta convicción ha sido como el faro que ilumina mi camino. Esta promesa se ha manifestado varias veces a lo largo de mi existencia. He percibido la mano de Dios desde mi niñez; pude constatar como Él guiaba y bendecía mi vida de una manera excepcional y maravillosa.

Criada en el seno de una familia devota, siempre estuve rodeada de personas que compartían una fe sólida en Dios. Mi vida religiosa ha estado marcada por la asistencia regular a misa, la participación activa en el Catecismo, la culminación de mis sacramentos, la entrega en grupos religiosos como el Grupo de Jóvenes Juan XXIII, y hasta la labor de catequista, entre otras actividades dentro de la iglesia.

Estos cimientos sólidos en la fe han moldeado mis valores, proporcionándome la fortaleza necesaria para afrontar los desafíos de la vida con la certeza absoluta de que Dios me acompaña en cada paso que doy. No significa que el camino fuera fácil, al contrario, a pesar de que el camino ha sido arduo, la constante presencia de ese poderoso gigante se mantuvo a mi lado, luchando incansable a mi favor.

Recientemente, tras varios meses desde mi última cirugía, tuve que regresar a la sala de operaciones a causa de complicaciones inesperadas. Esta experiencia, colmada de situaciones desconcertantes, me afirma en el hecho de que, aunque el panorama sea difuso ahora, debe existir una razón significativa detrás de este suceso.

En esta travesía personal, estoy descubriendo la importancia de hacer a un lado esos aspectos negativos que intentan apartar mi visión del propósito que Dios tiene reservado para mí. Reconocer esta necesidad me ha llevado a comprender que, para ser un apoyo genuino a quienes me rodean, debo empezar por otorgarme a mí misma esa compasión y cuidado.

La cita bíblica de Romanos 8:28: *"Y sabemos que para los que aman a Dios, todas las cosas obrarán justamente para su bien...",* se ha convertido en el fundamento de mi fortaleza. A través de vivencias difíciles comprendí que enfrentar las adversidades en soledad genera desorientación, pero al depositar mi confianza en Dios y permitir que Él dirija mis pasos, encuentro crecimiento y fortaleza en medio de las dificultades.

Cada crisis atravesada se ha convertido en un caldo de cultivo para valiosas enseñanzas que impulsaron mi desarrollo personal, preparándome para un nuevo horizonte en la vida. El dolor presente, aunque difícil, ha sido un maestro inigualable, enseñándome la virtud de la tolerancia y la compasión, aspectos que anhelaba cultivar con mayor profundidad.

En definitiva, he comprobado que los momentos desafiantes nos empujan fuera de nuestra zona de confort, llevándonos a explorar nuevas posibilidades. Nos lleva a buscar en la fe la fuerza necesaria y a recordar que, en nuestra imperfección, encontramos refugio en Su Presencia divina. Son episodios reveladores de nuestra necesidad constante de buscar apoyo y consuelo en Dios. Cada desafío nos moldea y nos prepara para abrazar un nuevo amanecer lleno de aprendizajes y oportunidades de crecimiento emocional y espiritual.

Los sucesos que me marcaron fueron como un torbellino que me llevaron a hacer cosas que, en su momento, fueron verdaderos retos. Transité sendas llenas de dificultades, aprendiendo a perdonar y a pedir ayuda, a reconocer mis propios errores con valentía, a apartar la soberbia, a sojuzgar mi ego, a entregarme al trabajo arduo, a callar cuando era necesario y alzar la voz cuando el silencio no bastaba.

Cada uno de estos desafíos sacudieron mi ser. Aprender a transitar por estos caminos duros y a veces desoladores no ha sido fácil. Cada experiencia extraje lecciones profundas que han forjado en mí una fortaleza, a veces tambaleante, pero sostenida con la firmeza de quien aprendió a nadar en las aguas turbulentas de la vida.

Ahora me esfuerzo a diario por inculcar en mi hijo estos valores fundamentales, consciente de la relevancia que han tenido en mi propia vida y en la toma de decisiones cruciales. Transmitir el temor a Dios a las futuras generaciones se convierte en un legado perdurable que seguirá su curso, incluso cuando yo no esté físicamente a su lado.

Reconozco claramente la trascendencia de estas enseñanzas en la formación de su carácter y en la manera en que abordará los desafíos venideros. Al cultivar en él estos valores arraigados en la fe, busco proporcionarle herramientas con las que afrontar la vida con integridad, compasión y sabiduría. Con esta transmisión de principios, aspiro a que, aun en mi ausencia, encuentre en estos valores un apoyo sólido que lo guíe y le dé fuerzas en su camino, permitiéndole construir su propio legado basado en la fe y el respeto por los demás.

Estas enseñanzas de principios persigue el objetivo de que cuando yo no esté tenga en ellos un sólido apoyo que lo oriente y le infunda coraje en su jornada. Esta herencia no solo le proporcionará los pilares para construir su propio legado, sino que también le permitirá trazar un camino basado en la fe y el profundo respeto hacia los demás.

Deseo fervientemente que estos cimientos sólidos, arraigados en la esencia de la fe y la comprensión hacia los demás, lo acompañen y fortalezcan en cada paso que dé, convirtiéndose en una brújula moral que lo guíe en su crecimiento y desarrollo. Aspiro con fuerza a que estos valores supongan un faro luminoso, guiando su senda con nobleza y bondad en cada situación que afronte.

Aceptar la voluntad divina supone un desafío profundo. Afrontar mi discapacidad con valentía, reconociendo mi valía más allá de una pierna afectada, es un acto de coraje. Las verdaderas cumbres de la vida no exigen perfección física, sino entereza moral.

Comprender que soy una mezcla de fortalezas, sueños y potencialidades, trasciende las limitaciones físicas. Encaro la vida con determinación, abrazando la fe en un plan divino que va más allá de lo obvio. Cada paso es una afirmación de mi valentía, demostrando que mi valía no se limita a una condición.

Ser más que una discapacidad es una afirmación diaria, un viaje de autodescubrimiento y empoderamiento sobre mi verdadera esencia.

5

El Gran Impulso

Convertirme en madre supuso un cambio radical y abrumador en mi vida. Ocurrió cuando tenía diecinueve años y fue una experiencia que trajo aparejado un torbellino de emociones encontradas. La llegada de Francisco, mi hijo, marcó un antes y un después, desafiándome con una decisión de una magnitud inmensurable.

En ese entonces, estaba inmersa en mi segundo año en la Universidad de Puerto Rico, en el renombrado recinto de Mayagüez. Estudiaba Economía y Contabilidad con un desempeño académico sobresaliente y tenía en el horizonte la perspectiva de un intercambio estudiantil en España. Aquel futuro estaba colmado de promesas y sueños brillantes que se desplegaban ante mis ojos.

Sin embargo, el anuncio de la llegada de mi hijo trastocó todos mis planes y perspectivas. Fue una encrucijada emocional, un dilema entre seguir mi trayectoria académica y asumir la responsabilidad de criar un bebé. Nunca hasta entonces había enfrentado un desafío de un calibre como ese: equilibrar mi deseo de continuar con mis estudios y mis anhelos personales con las nuevas responsabilidades de la maternidad. La decisión de ser madre en aquel momento significó renunciar a muchas oportunidades, pero al mismo tiempo, me ofreció una perspectiva de vida diferente, llena de amor, sacrificio y crecimiento personal.

Después de dar a luz, retomé mis estudios con una determinación renovada, consciente de que ahora tenía más motivos para seguir adelante. Lo que podría haber sido un handicap se tornó en un acicate que me impulsaba a la meta. Mi diploma se convirtió en la clave para asegurar un futuro lleno de oportunidades para mi retoño. Sentía la responsabilidad de ser su ejemplo y de dar lo mejor de mí. A pesar de los ajustes constantes que la vida me demandaba, mantuve la firmeza en mi objetivo. Progresé sin apartar la vista de la meta que me había marcado, sin permitirme excusas y con sacrificio constante. Cada esfuerzo se volvía insignificante frente al deseo incansable de abrirle a mi hijo un camino lleno de posibilidades y esperanzas.

Desde el mismo instante de la concepción somos un equipo inseparable, hemos evolucionado juntos y esta unión es el mejor capítulo de mi existencia. No lograría ni la fracción de mis metas sin la motivación más grande que ha impulsado mi vida: mi hijo. Él ha sido testigo privilegiado de cada etapa, incluidos los momentos de supervivencia en los que sentía que flaqueaba.

En medio de mis desiertos emocionales, nunca estuve sola; en las adversidades y los triunfos, él fue mi compañero fiel y mi mayor fortaleza. Su presencia ha sido la luz en mis momentos oscuros, y su apoyo incondicional es mi ancla en las tormentas. Cada desafío superado ha fortalecido nuestra conexión, creando un vínculo indestructible que nos impulsa a seguir adelante, recordándome que mi rol como madre es también un camino de aprendizaje compartido. Su amor y su presencia son el motor que me ha permitido levantarme en cada tropiezo, enseñándome la verdadera esencia de la resiliencia y la fuerza interior.

En este proceso de recuperación física, contar con mi hijo adolescente supuso un apoyo invaluable desde el día en que tomé la decisión de someterme a la operación. Desde el inicio, él ha estado a mi lado; me acompañaba en mis ejercicios en bicicleta para ayudarme a bajar de peso y mejorar mi condición física. Mi compañero en alguna de las citas médicas, estuvo presente en el hospital durante mi recuperación, aguardaba pacientemente afuera de la ducha para brindarme seguridad, me brindó apoyo para bajar las escaleras y, cuando regresé al trabajo, pero aún no podía conducir, él se encargaba de llevarme.

Todo lo que Francisco ha recibido de mí, lo ha devuelto con creces impregnado en un amor inmenso. Cada gesto, cada ayuda, llega en el hermoso empaque de cariño incondicional y de una entrega que solo un hijo excepcional puede ofrecer. Su apoyo me ha brindado la fuerza y esperanza en cada paso de esta travesía hacia la recuperación. Ver su compromiso, su dedicación y su amor desinteresado, me llena de una emoción indescriptible.

Su nobleza y su disposición para estar a mi lado en estos momentos difíciles me hacen sentir profundamente agradecida y bendecida por tener un hijo tan extraordinario. Francisco es mi roca, mi ángel guardián, y no puedo expresar con palabras lo afortunada que me siento de ser su madre. Su amor y cuidado representan el mayor regalo en este camino de sanidad, y no albergo más que admiración y gratitud por el ser humano maravilloso que es.

Los niños, sin duda alguna, reflejan lo que reciben de sus padres. Cuando son criados con amor, aceptación y valoración, aprenden a ser recíprocos en esa entrega. Si pudiese retroceder en el tiempo, seguramente cambiaría muchas cosas; desearía haber estado aún más presente en su vida, haber dedicado menos tiempo al trabajo. No obstante, tengo la certeza de que mi hijo es una persona feliz. Aunque los jóvenes tienen un largo camino por delante, él sabe que siempre tendrá a su madre en primera fila, lista para amarlo y apoyarlo en cada paso que dé.

Cada día reflexiono sobre las decisiones que tomé en el pasado, cuestionándome si podrían haber sido diferentes, si podría haber sido una madre más presente. Pero al ver a mi hijo, Francisco, tan lleno de amor, alegría y esperanza, sé que, a pesar de mis errores, algo hice bien. Su sonrisa y su manera de ver el mundo con optimismo, son reflejo y consecuencia del amor que le he dado.

Por supuesto que mi deseo es haberle ofrecido más, haber estado presente en cada momento significativo, compartiendo más risas, abrazos y conversaciones profundas. Sin embargo, mi corazón se llena de gratitud al saber que mi hijo es feliz, que se siente amado y que es consciente de que puede contar conmigo en todo momento.

A pesar de mis imperfecciones y de las cosas que, de ser posible, habría cambiado, me reconforta saber que mi hijo tiene un amplio y apasionante camino por recorrer y que, a pesar de todo, percibe con claridad meridiana el amor incondicional que tengo por él. Mi mayor anhelo es seguir siendo su sostén, su confidente y su guía, ofreciéndole siempre un lugar seguro donde pueda refugiarse.

6

Enfrentando el Miedo

M uerta de miedo y con mi cuerpo mutilado, así comencé mi proceso de rehabilitación. Un proceso largo y en absoluto sencillo, pues durante meses libré una enconada lucha por recuperar la estabilidad de mi cuerpo, mi independencia y la capacidad de realizar esas actividades que disfruto. Esta experiencia ha trasformado mi vida por completo y mi corazón es ahora distinto al que ingresó a aquella sala de operaciones. Son vivencias que dejaron una huella indeleble, que trasciende más allá de lo superficial y ha enmendado áreas esenciales de mi vida.

El miedo, ese perenne adversario del crecimiento, demostró ser mi más voraz enemigo. Su fiel presencia, entrelazada con una amalgama de sentimientos negativos, quiso colonizar mi mente y minar mi confianza, intentando someterme al terror de no ser capaz de cumplir con las expectativas impuestas sobre mí, desde siempre.

A veces ese pavor se tornaba paralizante, y bajo su influencia me he flagelado por no alcanzar la perfección, limitando de ese modo mi progreso. Hasta el día de hoy, en ocasiones se apodera de mi mente y me dice que no soy capaz de lograrlo.

Esta parálisis inducida por el miedo se convierte en una fuerza destructiva que me impide avanzar. Me aprisiona y me sume en una espiral de inacción y me inhabilita mi capacidad de enfrentar desafíos. La incertidumbre de no saber lo que sucederá, me encadena a la zona de confort, esa área apacible, pero estancada en la que no se permite florecer.

Comprender esta limitación me ha permitido definir cómo quiero que sea mi visión del futuro, reconociendo el poder del miedo para liberarme de esas cadenas y rediseñar mi existencia. Superar ese estado paralizante me despierta a la realidad de que el crecimiento no se produce en la comodidad, sino en la valentía de explorar lo desconocido, de enfrentar lo incierto. Intento convencerme cada día de que solo alcanzan nuevos puertos quienes están dispuestos a perder de vista la orilla.

Asimilar ese principio me ha ayudado a liberarme del intolerable peso de la piedra que cargaba sobre mi espalda, impidiéndome avanzar. Abrazar la incertidumbre con coraje me ha dejado traspasar los límites autoimpuestos. Tuve que desafiar las expectativas autoimpuestas, y también las que otros pretendían imponerme, para ser libre del yugo de la perfección y aceptar quién soy, con defectos y virtudes. El miedo perdió su poder de detenerme para convertirse en un aliciente que me impulsa hacia horizontes desconocidos.

Era muy joven cuando sostuve a mi bebé por primera vez, y aunque la responsabilidad me abrumaba, el miedo actuó como combustible para seguir adelante. Sin embargo, con el paso del tiempo y experiencias, especialmente las desafortunadas, el miedo se alimenta y gana más fuerza. Esto nos impide asumir los mismos riesgos de la misma forma, porque se hay más en juego y es grande el riesgo. A menudo extraño a esa joven que no temía casi nada y quería conquistar el mundo.

Recuerdo con añoranza, cuando cada día era una aventura y la incertidumbre se abrazaba con valentía. Ser esa joven madre me daba una sensación de invulnerabilidad y de poder para enfrentar desafíos con coraje y determinación. Había una libertad en mi espíritu y grandes dosis de audacia que me permitían encarar el futuro sin temor al fracaso.

¡El proceso de superar el miedo en esta rehabilitación física ha sido un huracán emocional! Un desafío titánico en el que me he aferrado con todas mis fuerzas a mi fe, mi familia, mis amigos y a esa explosión de fortaleza interior que desconocía, pero que ha emergido con una potencia inigualable, capacitándome para afrontar estos retos con valentía.

He experimentado momentos de vulnerabilidad extrema, donde me sentí frágil y con mi fuerza mermada. Sin embargo, el apoyo inquebrantable de las personas que me rodean, y sobre todo, mi propia determinación, han sido el sostén que me ha permitido seguir adelante. El gran contraste entre ser una mujer profesional exitosa y, ahora, depender de un andador para caminar, fue como una montaña rusa de emociones que tuve que enfrentar.

Hubo que sortear múltiples dificultades, pero cada obstáculo superado ha sido una victoria que reforzó mi convicción de que, con perseverancia y amor propio, puedo conquistar la cumbre de cualquier monte que aparezca en mi camino. ¡He descubierto una reserva de energía en mí que ni siquiera sabía que existía, y esa fortaleza es la que me impulsa a seguir adelante con determinación y esperanza!

Reconocer y aceptar el miedo es una muestra de coraje y fortaleza emocional, pero lo verdaderamente crucial es cómo manejamos ese sentimiento y de qué manera influye en nuestras decisiones. En mi particular experiencia, enfrentar la limitación física me remontó a aquellos días cuando, a los diecinueve años, sostenía a mi hijo entre mis brazos, desorientada y sin saber por dónde empezar. En ambos casos la emoción predominante fue la incertidumbre, y en ellos me armé de valentía y adopté una actitud proactiva, enfrentando los desafíos paso a paso, día a día.

El miedo puede ser paralizante y llevarnos a dudar de nuestras capacidades hasta sumergirnos en la incertidumbre. Pero descubrí que el valor reside en afrontar ese miedo, trabajar con determinación y enfocarme en resolver los problemas uno por uno, sin permitir que sea el temor quien dicte mis acciones.

Al igual que aquel día en que me convertí en madre sin saber qué hacer, aprendí que la resiliencia y la valentía son herramientas poderosas en momentos de adversidad. En lugar de dejarme abrumar por la incertidumbre, decidí enfrentar cada situación con una mentalidad positiva, abrazando la idea de abordar los retos de manera gradual y con determinación.

Acepté el miedo como un elemento inherente al proceso, pero sosteniendo sus riendas y sin permitir que dirija mi camino. En lugar de ser su prisionera, lo convertí en mi aliado, motivándome a encontrar soluciones y avanzar. Cada día se convirtió en una oportunidad para cultivar mi crecimiento personal.

Este viaje se ha convertido en un testimonio vivo de resiliencia y de mi capacidad para hacer de la adversidad una oportunidad de crecimiento, afirmando que el coraje y la dedicación son las claves para trascender en el camino hacia el autodescubrimiento y la superación.

El descubrimiento de mis habilidades, límites y emociones ha sido clave para vencer los sentimientos negativos que paralizan. Reconocer mis debilidades me impulsa a dar lo mejor de mí, buscando maximizar cada oportunidad con esfuerzo y dedicación.

En el camino del crecimiento he tropezado, no una, sino mil veces, pero he descubierto que un error solo se convierte en fracaso cuando no aprendo nada de él, por el contrario, ese mismo fallo puede convertirse en un maestro enseñándome valiosas lecciones, y hasta una caída, si hago que sea hacia adelante, se convierte en un paso más hacia la meta.

7

Podemos Tenerlo Todo

Es al atravesar experiencias que te sacuden hasta lo más profundo cuando descubres la valiosa lección de aprovechar cada oportunidad que te brinda el destino. Con metas claras y la mirada fija en los objetivos correctos, el mundo entero está a tu alcance. La vida nos ofrece cada día un lienzo en blanco conformado por veinticuatro horas, tú decides como pintarlo: En qué emplear tu tiempo, dónde depositar tu energía y con quién compartir la experiencia única de completar la pintura de la jornada.

Es en los momentos de aprendizajes profundos donde descubres la esencia de la vida. Los momentos en que tocas fondo y la única opción que existe es tomar impulso para progresar. Estas experiencias te empujan a abrazar el plan de Dios para ti de una manera más significativa y comprometida. Te desafían a redefinir tus prioridades, enfocándote en lo que realmente importa.

Es frente a esos carteles de *"fin de camino"* donde descubres que si depende de alguien, es solo de ti, por lo que no hay que tener miedo a hacer lo que haya que hacer para lograr lo propuesto. Enseguida descubres que el *"fin de camino"* era en realidad el inicio de uno nuevo, siempre mucho mejor.

Tener una visión clara y establecer metas realistas y alcanzables es un buen inicio, no se trata solo de soñar en grande; se trata de dar pasos calculados hacia el camino de ver cristalizados en realidad esos sueños. Cada día se convierte en una oportunidad para plasmarlo con propósito y determinación.

Una clave es preguntarse: ¿Esto que estoy haciendo me acerca o me aleja de mi objetivo? Lo que hago hoy, ¿me aproxima al lugar donde quiero estar mañana? Si la respuesta es positiva, debo dar lo mejor de mí, si no lo es, entonces debo dejar de desperdiciar mi tiempo y energía, que no van a regresar.

El tiempo es nuestro recurso más preciado, cómo lo administramos determina nuestros logros. Cada segundo que pasa representa una oportunidad para marcar la diferencia, para seguir nuestras pasiones y cultivar conexiones que aporten valor a nuestras vidas.

Es muy fácil dejarse llevar por las excusas, en vez de tomar las acciones correspondientes que nos impulsan a dar lo mejor de nosotros para obtener los resultados que deseamos. Siempre es más fácil tomar el camino sencillo, el que no requiere mucho esfuerzo, el que no lleva a ninguna parte, sin embargo, tampoco tendrá la mejor recompensa.

Enfocarse en lo que es congruente con nuestras aspiraciones y valores garantiza que nuestros esfuerzos den frutos. Se trata de hacer elecciones conscientes y dirigir nuestra energía hacia proyectos que estén en línea con nuestros objetivos. El entorno que nos rodea influye significativamente en nuestro viaje. Compartir la vida con personas que nos apoyan y nos inspiran fomenta el crecimiento y la positividad. Construir relaciones significativas nos empodera para enfrentar desafíos y celebrar victorias con la gente que elegimos como compañeros en la aventura.

¡Son demasiadas influencia como para dejar que intoxiquen nuestros pensamientos con palabras y actitudes que no necesariamente están alineadas con nuestros objetivos! En definitiva, ser selectivos no significa ser egoístas, simplemente es ser conscientes de que solo tenemos una vida y es sabio determinar en qué, junto a quién y para qué, deseas invertirla.

Mantener siempre pensamientos positivos que nos edifiquen y nos den el ánimo que necesitamos para continuar. Porque todo se trata de actitud, y la actitud se nutre de los pensamientos que elegimos. Podemos tenerlo **todo:** lo que soñamos, lo que deseamos, lo que planificamos y por lo que trabajamos... Podemos alcanzarlo si construimos el ecosistema correcto, la base sobre la cual se materializan nuestros más anhelados sueños.

La vida nos brinda innumerables oportunidades, depende de nosotros lo que escojamos hacer con cada una de ellas. Cada día se convierte en una nueva página en la que escribir nuestros sueños, objetivos y aspiraciones. Un terreno virgen que podemos fecundar con proyectos e ilusiones.

Es importante comprender que las mejores oportunidades no avisan de su llegada. Son encuentros fortuitos, desafíos inesperados o momentos de cambio profundo, lo que cargan ese instante que te puede cambiar el rumbo de tu vida, con solo tomar la decisión correcta. Resulta fundamental desarrollar la habilidad de reconocer y abrazar las oportunidades. Se trata, más bien, de vislumbrar el potencial de cada experiencia, de identificar los retos y aceptar los aprendizajes de cada fracaso.

Un propósito claro actúa como brújula, guiándonos a través del laberinto de opciones que se presenta. Para atreverse a provocar un cambio positivo hay que ser muy creativo, dejar las excusas, cambiar los pensamientos negativos, adquiriendo el hábito de ser agradecidos y reconocer las bendiciones que tenemos a nuestro alrededor. Dios nos lo ha dado todo, y nos permite tener unas experiencias que nos preparan para el próximo nivel.

Lidiar con mi proceso de rehabilitación ha sido un constante reto que ha puesto a prueba cada uno de mis objetivos. A pesar de las limitaciones físicas que tuve que enfrentar, encaré con valentía cada obstáculo surgido en mi camino. A paso firme, abordé cada una de las situaciones, desde la preparación a la cirugía, el tiempo en el hospital y las terapias.

Todas estas travesías, y otras que por espacio no estoy contando aquí, me han enseñado a valorar esta fuerza interior llamada determinación y a tener una actitud de esfuerzo constante para superar cualquier barrera que surja en el camino. Cada logro, por pequeño que sea, representa una victoria sobre la adversidad.

Salir airosa de este proceso no ha sido fácil, sin embargo, cada día, pero cada día, redescubro mi fuerza interior, alimentando con la esperanza de lograr metas que una vez parecieron inalcanzables. Con cada paso siento la satisfacción de avanzar hacia una versión renovada y más resiliente de mí misma.

Ser madre, esposa, empresaria, hija, hermana, tía y ahora profesora, desempeñar cada uno de estos roles es un desafío emocionante a la vez que demandante. Requiere un compromiso absoluto, reclamando tiempo y energía sin pausa. En este viaje he aprendido que la clave está en la organización implacable, la claridad incuestionable sobre mis metas y la valentía - impregnada de humildad - de alzar la mano cuando necesito ayuda. Reconocer la importancia de ponerme a mí misma en primer plano ha sido esencial. Porque si yo no estoy bien, no podré dar lo mejor de mí, y quienes me rodean no merecen menos que eso.

Hoy, con certeza y convicción, puedo afirmar que puedo tenerlo **todo**. He dedicado mi esfuerzo incansable para alcanzarlo, porque anhelo mi propia felicidad y la de todos los que me rodean.

8

Cerrando Ciclos

Hoy fue el primer día, tras mi operación, en que me puse tacones. Unos preciosos zapatos de taco alto, rojos, brillantes, hermosos, de esos que me hacen sentir atractiva, valiente y segura. Sé que para muchas personas, esto es algo totalmente insignificante; sin embargo, para mí no lo es.

En lo personal, los zapatos siempre tuvieron un sentido de seguridad, y más que cubrir mis pies, han supuesto una plataforma en diversos momentos de victoria. Soy capaz de recordar los zapatos que vestía en cada uno de los días importantes de mi vida, y son el detalle más significativo de mi vestimenta desde siempre.

Desde que era niña el calzado ha sido mi obsesión. Puede parecer un dato frívolo, incluso soberbio, pero debo reconocer que el hecho de no poderme elevar sobre mis pies por más de cuatro meses, era algo que extrañaba demasiado.

Hoy, me atrevo a decir que, estos eventos los percibo como un mensaje de Dios. Es momento de aterrizar en el piso, de mantener los pies firmes, en la tierra, y en este proceso Dios se ha glorificado en mi vida.

Cada etapa que atravesamos está impregnada de una carga emocional única, tejida con las personas que comparten nuestro camino, las lecciones aprendidas, las batallas libradas y los triunfos alcanzados. Cada experiencia vital no solo moldea nuestro presente, además nos forja para el próximo capítulo de nuestras vidas. Creo firmemente que Dios no nos presenta desafíos para los cuales no nos ha equipado previamente, con las herramientas y la capacidad necesarias para superarlos; es una certeza que resuena en cada experiencia que vivimos.

Los ciclos de la vida inician y concluyen, actuando como puertas que se abren a nuevas oportunidades y desafíos, y también se cierran a ciclos que pasaron. En este viaje, algunas personas llegan a nuestra vida, por un periodo determinado, para enriquecerla con su presencia, mientras que otras deciden quedarse con nosotros para compartir el resto del trayecto. Cada interacción, ya sea efímera o duradera, contribuye a nuestro crecimiento personal.

Las experiencias de vida dejan huellas imborrables en nuestros corazones; cicatrices que son testigos de las batallas libradas y los combates superados. Cada página que se gira en el libro de nuestras vidas deja una impresión única, conformando una historia de aprendizaje, resiliencia y la transformación constante, inherente a la existencia humana.

A lo largo de mi vida he enfrentado diversos ciclos que dejaron una marca significativa en mi desarrollo personal y profesional. Convertirme en madre a una edad temprana fue uno de los primeros y principales desafíos que me presentó la vida. Este oficio, casi sagrado y lleno de responsabilidades y alegrías, me ha inculcado lecciones valiosas acerca de la genuina resiliencia, la organización y el amor incondicional.

Atravesar un divorcio supuso otro capítulo bien marcado en el viaje de mi vida. Esta experiencia, aunque ingrata y desafiante, supuso una gran oportunidad de crecimiento personal y una escuela en la que aprendí a enfrentar la adversidad con fortaleza y determinación. Diversos desapegos coyunturales, como cambios de trabajo y mi participación en la universidad, contribuyeron a mi formación integral, dotándome de habilidades diversas y de una perspectiva más global y enriquecida.

Llegando a mi presente, donde desarrollo el papel de líder de una empresa y responsable de un equipo de trabajo, todas las experiencias previas, con sus aciertos y errores, desempeñan ahora un papel fundamental.

Modelar con el ejemplo se ha convertido en una parte esencial de mi liderazgo. Creo firmemente en la tesis abanderada por Albert Einstein cuando dijo: *"El ejemplo no es la mejor forma de influir, es la única"*. Y es mediante el ejemplo que intento proyectar la capacidad para enfrentar desafíos, mantener la calma en situaciones difíciles y fomentar un ambiente de colaboración y respeto. Son valores que busco transmitir tanto a mis colegas como a mi equipo de trabajo.

La conjunción de mis roles como madre y líder empresarial ha generado una sinergia única en mi vida. Cada ciclo vivido ha contribuido a la construcción de mi identidad, definiendo mi manera de pensar y de reaccionar ante las circunstancias diarias. Estoy comprometida con seguir modelando con el ejemplo, inspirando a otros a abrazar la resiliencia y el crecimiento personal en su particular viaje.

Todos, en el transcurso de la vida, enfrentamos la compleja tarea de dejar atrás momentos significativos, y lo más difícil, a personas que desempeñaron un papel importante en nuestra historia. Entender, aceptar y asimilar que determinadas relaciones cubrieron su etapa y ya no tendrán cabida en el próximo capítulo, es una condición dolorosa pero esencial para el crecimiento y el avance.

Algunas personas llegan de forma provisional, para acompañarnos un trecho de nuestro camino. Habitan junto a nosotros por un tiempo determinado con el objetivo de enseñarnos lecciones valiosas. Ya sean amigos, vecinos, parejas o incluso nuestros propios padres, aceptar que cumplieron su propósito y les toca partir, nos libera de altas dosis de sufrimiento. No es saludable aferrarnos a una realidad que ya no existe, resulta más sano y provechoso reconocer la contribución que hicieron a nuestras vidas, agradecer que hayan sido puente en nuestro camino y dejarlos ir.

Mi cirugía fue un hito en mi vida que marcó el inicio de un nuevo ciclo, revelando mi vulnerabilidad de una manera que nunca antes había experimentado. Esta eventualidad supuso mucho más que una prueba física, se convirtió en un llamado a la reflexión y a abrazar mi propia humanidad.

Encontré en mi familia un círculo de apoyo inquebrantable. La prueba que enfrenté reforzó nuestros lazos y me recordó la gran importancia de la conexión entre las personas. Así mismo, este proceso afectó positivamente a mi fe, profundizándola y consolidándola, recordándome que a veces necesitamos bajar de nuestros tacones y pisar terrenos de humildad, admitiendo nuestra necesidad de ayuda. En definitiva, esta etapa del camino me enseñó a levantar la mano y reconocer la bendición de contar con seres queridos que están ahí para mí.

Otro de los valiosos presentes que llegaron en el oneroso empaque de la cirugía fue aprender a ser agradecida por lo bueno y también por lo difícil. Pude discernir la riqueza de mi existencia, tanto en las experiencias desafiantes como en las alegrías. Este viaje que me transportó por cumbres de gloria y en ocasiones me sumió en valles sombríos, me ha recordado que, a pesar de mis planes y expectativas, la verdadera guía proviene de la voluntad de Dios.

Para mí, es un recordatorio de que, al soltar las riendas, claudicar del control y confiar en el plan que el cielo ha trazado para mí, encuentro una paz que trasciende a cualquier cosa que yo pueda haber planificado. Cada paso y cada desvío se convierten en una etapa de crecimiento y una oportunidad de aprendizaje, siempre guiado por una fuerza mayor y una mano diestra que con maestría teje mi historia.

Dios conoce mi corazón y sabe a ciencia cierta cada uno de mis pensamientos; es plenamente consciente de lo que necesito, solo me corresponde cerrar los ojos, descansar y confiar.

9

Las Mujeres de Mi Vida

Están hechas de amor y bondad

Coraje y determinación.

Mujeres bellas,

Inteligentes y comprometidas,

Sin barreras, sin prejuicios.

Con audacia, con ahínco

Mis mujeres: mi ejemplo, mi sostén, mi equilibrio.

Son el eco de historias no contadas,

La fuerza que rompe cadenas,

Creadoras de sueños, portadoras de esperanza,

Hacedoras de un legado.

En cada paso, dejan huellas de fortaleza,

Labrando caminos con manos firmes,

Desafiando el viento, bailando con la vida,

En sus manos, el esfuerzo del trabajo incansable.

Son guardianas de secretos y consejeras sabias,

Tejedoras de la red que nos abraza,

En sus palabras, encuentro un refugio seguro,

Mensajes de aliento que curan cualquier herida.

Mis mujeres, mis guerreras incansables,

Flores que desafían tormentas,

Sonrisas que iluminan los días grises,

Su amor, un faro que guía mis travesías.

En el lienzo de la vida, pintan su legado,

Colores vibrantes que resisten el tiempo,

Cimientos de amor que sostienen mi ser,

Mis mujeres, mi razón de ser, mi eterno agradecimiento.

Mi entorno está impregnado de la presencia de mujeres excepcionales que dejaron en mi vida una huella imborrable. Desde mis queridas abuelas: fuente de sabiduría y ternura, mi lugar seguro, fuente de amor y justicia; hasta mi madre, la columna vertebral de mi existencia, y mi hermana, compañera de risas y confidencias, todas marcaron mi corazón de manera tan feliz como indeleble.

Solo unas pocas amigas que han experimentado conmigo los misterios de la vida, compartiendo alegrías y desafíos, siendo pilares fundamentales en mi desarrollo. Mis sobrinas, llenas de energía y juventud, me inspiran con su visión fresca y optimista del mundo. Las hijastras que la vida me regaló, han enriquecido mi perspectiva, proporcionando nuevas dimensiones a la idea de la familia.

No puedo pasar por alto a las valientes mujeres que forman parte de mi entorno profesional: empleadas, colaboradoras y clientes, todas han dejado su huella, asfaltando el camino hacia el éxito. Las compañeras de clase, eternas aliadas en la búsqueda del conocimiento, han compartido risas y desafíos académicos que forjaron lazos indestructibles y con las que siempre mantuve una especie de hermandad.

Sin lugar a duda, cada una de estas mujeres ha contribuido en gran manera a moldear mi personalidad. El aporte de su esencia única ha sido como una sinfonía en mi vida. A través de cada una de sus experiencias he aprendido lecciones invaluables en diferentes áreas de la vida como el amor, la resiliencia, la determinación y la empatía.

El papel de las mujeres en la sociedad adquiere una relevancia creciente, extendiéndose más allá del ámbito familiar para abarcar esferas sociales y empresariales, contribuyendo así a la creación de entornos más equitativos. Aunque persiste un camino por recorrer hacia la plena igualdad, es evidente e incuestionable el significativo progreso que se ha logrado en esta dirección.

Un versículo bíblico revela con acierto que *"la mujer sabia edifica su casa"*, destacando la importancia del papel de la mujer en el funcionamiento y la estructura del hogar. Este proverbio sugiere que la mujer desempeña un papel fundamental en la construcción y el sustento del hogar, no solo como gestora de las responsabilidades familiares, sino también como arquitecta de un ambiente equilibrado y armonioso.

La participación de las mujeres en diversos aspectos de la sociedad ha contribuido a la transformación de percepciones y a la apertura de oportunidades. Aunque la lucha por la igualdad persiste, la presencia destacada de mujeres en roles sociales y empresariales demuestra que estamos avanzando hacia un futuro donde las capacidades y contribuciones de todos, independientemente del género, son valoradas y reconocidas.

En este tejido de relaciones, encuentro fortaleza, apoyo y un reflejo de la diversidad y riqueza del universo femenino. Vivo agradecida por la influencia de estas mujeres maravillosas que, juntas, aún continúan tejiendo, la historia de mi vida con hebras de amor, coraje y sabiduría. Son brújulas que guían mi camino, recordándome la importancia de celebrar la fuerza y la gracia que reside en todas las mujeres con las que mi senda se ha cruzado.

Una mención aparte merece mi proceso de rehabilitación, durante el cual tuve el privilegio de contar con la presencia de mujeres dedicadas a marcar la diferencia en las vidas de sus pacientes. Estas valientes mujeres no solo fueron un bálsamo para la restauración de mi cuerpo, sino que también marcaron un hito y reenfocaron mi visión de la vida, abriendo mis ojos a la manera en que podemos ser un apoyo significativo para los demás.

Su compromiso y dedicación no solo se limitaron a mi recuperación física, sino que trascendieron hacia el ámbito personal, guiándome hacia una evolución que me ha permitido convertirme en una versión mejorada de mí misma. Estas mujeres ejemplares no solo son profesionales consumadas en el cuidado de la salud, sino también inspiradoras que iluminaron mi camino y fortalecieron mi convicción de ser un apoyo compasivo para quienes lo necesitan.

10

Sentirme Vulnerable

Cuando te crías con la abrumadora responsabilidad de cargar sobre ti el ingente peso del mundo, enfrentar la vulnerabilidad se convierte en un reto máximo, a la vez que en un acto de valentía supremo. Demasiado a menudo, las mujeres enfrentamos la injusta presión de que debemos ser perfectas en todo: buenas hijas, siempre impecablemente arregladas, madres abnegadas, esposas ejemplares, estudiantes destacadas, trabajadoras incansables y amigas siempre presentes.

Lamentablemente, buscar satisfacer las expectativas de los demás es vivir en una constante lucha por sobrevivir, ya que es imposible complacer a todos. Es una moderna forma de esclavitud que desgasta el cuerpo y corroe el alma. Además, te lleva a la frustración, pues la perfección es algo inalcanzable, y la búsqueda constante de aprobación externa conduce, sin dudas, al sacrificio de nuestra propia autenticidad y bienestar.

Aceptar nuestra vulnerabilidad no solo es un acto de valentía, sino también de liberación. Implica reconocer que está bien no ser perfecta y que mereces amor y aceptación tal como eres. Es fundamental desafiar esos estándares poco realistas y abrazar la verdad de que tu valía no está determinada por cuánto haces por y para los demás, sino por cómo te cuidas a ti misma.

Priorizar tu bienestar emocional, físico y mental es un acto de amor propio que te permite no solo sobrevivir, sino florecer. Al liberarte de lo que otros esperan de ti, puedes encontrar tu propia voz, autenticidad y satisfacción en la vida. La verdadera valentía radica en ser fiel a ti misma, cultivando una vida que refleje tu verdad y permitiéndote ser humana en todo el esplendor de la palabra.

En los pasados meses me tocó enfrentar pruebas realmente duras. Una de las más difíciles fue precisar de asistencia para las cosas más elementales como: levantarme de la cama, asearme, comer, estar alejada físicamente de los míos y no poder cuidar de ellos.

Sentir un miedo paralizante por lo desconocido, cuando estamos acostumbrados a querer controlarlo todo, son solo una muestra de lo retante que es sentirse vulnerable. ¿La salida? Tener paciencia y fe en que pronto estaremos mejor, porque nuestra confianza está puesta en el Señor.

Durante mi proceso de cirugía y en las primeras semanas de rehabilitación, nunca lloré, aunque sentía dolor extremo, miedo y muchísima frustración, el buen ánimo y pensamientos positivos me mantuvieron con esperanza y convencida de que ese momento sería pasajero, y que pronto estaría de regreso a la rutina diaria.

Sin embargo, tal cúmulo de emociones estaba llamado a desbordarse, y así fue. Me mantuve en mi casa las seis semanas que siguieron al proceso quirúrgico, por lo que no había tenido contacto con nadie más allá de mi círculo inmediato de familia y algunos amigos que fueron a visitarme.

Como tenía restricciones de movilidad, coordiné la primera cita postoperatoria con el ortopeda para el mismo día en que vería al fisiatra. Hacer coincidir esos encuentros me evitaría duplicar desplazamientos, recuerden que dependía de un andador y de una silla de ruedas para moverme. Mi hijo me llevó a la cita, y como buen adolescente, apenas salimos de casa sintió hambre.

¿Qué hizo? Por supuesto, ir en busca de comida, eso después de dejarme en el lobby del hospital. Subí en el ascensor, asistida por el andador, hasta la recepción de la oficina del ortopeda. Con el objetivo de que fisiatra y ortopedia pudieran verme, llegué con más de tres horas de anticipación a la hora en que fui citada. Me dirigí a la recepcionista para registrarme y le expliqué que mi exceso de anticipación se debía a que tenía una cita con el fisiatra a las 2:30 pm. La chica, que parece tener un mal día, replicó:

- *"No te puedo registrar, porque estás llegando fuera de la hora que te corresponde".*

Con toda la tranquilidad posible me empleé en explicarle que llegaba temprano porque era muy habitual que el doctor se demorase mucho tiempo y yo necesitaba estar a tiempo en mi otra cita, en la que comenzaría mi proceso de rehabilitación. Con todo lujo de detalles le presenté las mil razones por las que se me hacía imprescindible comenzar rápido mis terapias de recuperación.

- *"Pues tendrás que elegir entre la cita del ortopeda y la del fisiatra..."*
- fue la respuesta fría, mecánica y carente de todo vestigio de humanidad – *"...porque yo no te voy a registrar"*.

¡Ufff! ¡Había vivido toda la experiencia de la cirugía y el postoperatorio con humildad, con sentimiento de esfuerzo, con buen ánimo, con mucho amor, con gente empática a mi alrededor, personas que fueron bálsamo para el dolor físico que yo sentía! Enfrentar en ese instante una actitud tan deshumanizada, fue como chocarme con una pared. No podía imaginar que existieran personas tan desconsideradas. ¡Claro!, cada cual da de lo que tiene en su corazón. En lo personal, procuro no ser piedra de tropiezo para nadie, y mucho menos para alguien vulnerable, como lo estaba yo en ese momento.

No podía creer lo que estaba escuchando. Decidí no tratar de convencerla; me negué a discutir o a levantar la voz, porque esa no soy yo. Simplemente, me di la vuelta y rompí a llorar; las lágrimas surgían desde lo más profundo de mi alma. Sollozaba sin poder respirar, sola y decepcionada. Probablemente, la situación no ameritaba un llanto como el que me sobrecogía, pero no era solo aquel incidente que viví, sino la acumulación de muchas emociones sobrellevadas en corto tiempo. Un cóctel explosivo que sacó de mí una cascada de sentimientos incontrolables.

Estaba sola, así que me senté y traté de llamar a mi esposo. Intentaba comunicarme, pero no me salían las palabras, solo lloraba. Alberto vino inmediatamente a mi socorro, sabiendo que yo estaba inmóvil e indefensa. También los pacientes que vieron se volvieron furiosos con la secretaria y la encargada de la oficina.

Se me ocurrió escribirle al médico, un corto mensaje de texto, diciéndole: *"Estoy en la sala de espera, mi cita es a la una de la tarde, pero tengo además cita con el fisiatra a las dos y media. Las coordiné ambas para el mismo día por las restricciones de bajar la escalera. La secretaria me dice que no me puede anotar para que usted me atienda a la 1 pm"*. Con asombrosa rapidez, el doctor contestó: *"Te veo enseguida"*.

Deseo aclararte que con este relato no pretendo colocarme en posición de víctima. No creo en el victimismo y es un espacio que jamás ocuparé. Más bien quiero resaltar que cuando aguantamos y reprimimos los sentimientos y las emociones, están aflorarán en algún momento, y lo harán de forma explosiva, muchas veces en el momento en que menos lo esperamos.

Por otro lado, no importa la tarea que realices, o el trabajo que desempeñes, cuando tengas la oportunidad de ser esperanza en la vida de otros, hazlo, no sabes lo que esa persona viene soportando. Como dijo Martin Luther King: *"Si logro ayudar a una sola persona a tener esperanza, ya no habré vivido en vano"*.

11

El Círculo de Apoyo

¿Dónde se encuentra Dios en mis momentos de dolor y necesidad? ¡Está ahí! ¡Cerca, muy cerca! Dios se manifiesta en cada una de las personas que nos rodean, en esos ángeles terrenales que nos ofrecen su apoyo incondicional. A través de la bondad y el amor de los demás, la presencia de Dios se hace palpable, superando cualquier adversidad que enfrentemos.

Es únicamente en el calor y compañía de nuestros seres queridos que logramos derretir la hiel del miedo paralizante y encontrar respuestas a nuestras interrogantes, tal como Jesús buscó respuestas en sus momentos de prueba. El abrazo de mis amigos, las palabras de aliento de un familiar, e incluso la mirada comprensiva de un desconocido, pueden actuar como faro de esperanza en el mar que amenaza con tragarnos. Esa luz amiga nos recuerda que no estamos solos en nuestra lucha.

Tales gestos de amor y apoyo son intervenciones divinas que nos elevan para soportar nuestras cargas con nuevas fuerzas y esperanza. A través de estas conexiones humanas experimentamos la esencia del amor de Dios, una fuerza tan poderosa que rasga, con estilete de amor, el manto de los tiempos más oscuros.

Valoremos y busquemos estas conexiones, pues son los canales a través de los cuales la Gracia de Dios fluye hacia nosotros. En cada acto de bondad y apoyo, somos testigos de lo divino en acción, guiándonos en momentos de debilidad hacia un lugar de paz y sanidad. Las *"personas apoyo"* en nuestras vidas... Otros las llaman *"personas medicina"* o *"personas vitamina"*, son un testimonio del poder duradero del amor y de la presencia inquebrantable de lo divino en nuestro caminar a través de los desafíos de la vida.

Escribo estas líneas desde mi hotel en Washington DC, tras culminar mi participación en una convención de cuatro días. Todo este viaje es el resultado del inmenso apoyo recibido por parte de aquellos pilares en mi vida que me brindaron las herramientas necesarias para afrontar cada jornada. A mi lado, mi hijo, mi soporte emocional más grande y clave en mi proceso de recuperación. Su existencia supone un faro de esperanza y salvación en momentos cruciales, demostrando el poder transformador del amor y el apoyo incondicional.

Mi proceso de rehabilitación se sostiene en dos equipos fundamentales: el apoyo físico, conformado por médicos y terapeutas, y el apoyo emocional, proveniente sin duda de mi familia, amigos y equipo de trabajo.

Ellos son la pieza clave que ha permitido que hoy en día pueda realizar acciones cotidianas como caminar, bajar escaleras, conducir y retomar el control de mi vida.

Tan solo hace unos minutos, mi hijo me hacía reflexionar sobre el viaje pasado, cuando ni siquiera era capaz de recorrer una cuadra sin detenerme a descansar. Sin embargo, en los últimos días, he logrado caminar más de diez cuadras de manera consecutiva. Este progreso es significativo y representa un gran avance en mi rehabilitación, demostrando el impacto positivo del trabajo que ambos equipos, coordinados y unidos, han desarrollado, logrando enormes avances en tan poco tiempo.

Cada pequeño logro es una victoria personal, y esta experiencia me ha enseñado a apreciar y celebrar cada avance, por pequeño que sea. La motivación y el respaldo constante de quienes me rodean son motores que impulsan mi recuperación día a día. Estoy comprometida a seguir avanzando y superar los desafíos que se presenten en este viaje hacia una recuperación completa.

Aprecio enormemente al equipo de apoyo físico que ha sido fundamental en mi proceso de rehabilitación. Mi ortopeda y mis terapeutas, en el Centro de Rehabilitación y la que ahora me visita en casa, han obrado maravillas en mi calidad de vida, aliviando el intenso dolor que antes experimentaba. La decisión de someterme a la operación fue, sin lugar a dudas, la elección correcta. Opté por este camino en el momento preciso, ya que mi capacidad física se estaba mermando a una edad temprana. A los treinta y seis años, me vi limitada a caminar por no más de diez minutos, y permanecer de pie se volvía una experiencia dolorosa e insostenible.

La resistencia a depender de analgésicos era fuerte en mí. Aunque lograban aliviar el dolor, también afectaban mi capacidad cognitiva, dejándome aturdida y dificultando la toma de decisiones. Fue entonces cuando decidí someterme a la intervención quirúrgica, buscando una solución que no solo aliviara el dolor, sino que también preservara mi claridad y agudeza mental.

El proceso de rehabilitación física no ha sido - ni está siendo - sencillo; sin embargo, vino acompañado de transformaciones significativas. No solo superé el dolor crónico que me aquejaba, sino que también he experimentado mejoras notables en mi movilidad y capacidad funcional. Los resultados superaron mis expectativas, devolviéndome la posibilidad de realizar actividades diarias sin las limitaciones que antes enfrentaba.

Cada etapa de la rehabilitación ha sido un desafío que abordé con determinación y paciencia. Solo acabo de comenzar, por lo que quedan aún muchos retos que enfrentar. A través de las terapias y el trabajo conjunto con mi equipo médico, he adquirido nuevas habilidades y he fortalecido mi cuerpo de manera progresiva.

Aunque el camino ha sido arduo, la recompensa resultó ser inmensa. Ahora, puedo afirmar con certeza que mi decisión de enfrentar la operación y embarcarme en este viaje de rehabilitación ha sido una de las mejores elecciones de mi vida. No solo recuperé mi salud física, sino que también he ganado una nueva perspectiva sobre la importancia de cuidar y valorar mi bienestar. Este proceso me ha recordado la fortaleza interior que todos poseemos y la capacidad de adaptación que reside en cada uno de nosotros.

Agradezco profundamente a mi equipo médico, cuyo compromiso y dedicación han sido fundamentales en mi trayectoria de recuperación. Cada paso, cada avance, representa una victoria personal y refuerza mi convicción de que, con el apoyo adecuado, el firme propósito de lograrlo, y altas dosis de FE, podemos superar cualquier desafío que se presente en nuestro camino hacia ese puerto seguro, llamado salud y bienestar integral.

12

¡Que Cada Día Cuente!

En este nuevo capítulo de mi trayectoria vital, celebro con gratitud la oportunidad de vivir plenamente. Cada día se presenta como una valiosa oportunidad para tejer momentos significativos de nuestra existencia. En medio de los desafíos y el constante crecimiento, procuro apartar el tiempo necesario para reflexionar sobre los eventos que marcaron en mí una huella positiva, construyendo así la visión que quiero que defina esta etapa de mi vida.

Quisiera compartir contigo algunas de las reflexiones y aprendizajes más significativos que surgieron en esta experiencia, destacando la belleza de cada instante y la capacidad transformadora de hacer que cada momento cuente como algo inolvidable. La actitud que adoptamos ante cada acontecimiento es el mensaje que interiorizamos y lo que dejará una huella imborrable en nuestro transitar por la vida.

La manera como interpreto cada situación y el significado que le asigno recae en mi responsabilidad. La gente hace y dice cosas, pero yo decido como me afectan. A pesar de los desafíos y las adversidades, la vida continúa, otorgándonos una nueva porción de veinticuatro horas para seguir viviendo.

Ningún evento es lo bastante determinante para definir quién soy o tan insignificante que no aporte a la construcción de mi ser. En última instancia, es mi elección cómo enfrentar y dar significado a las experiencias que la vida me presenta. Yo escojo lo que me aporta, lo que desarrolla una mejor versión de mí, lo que construye en mi familia, en mi empresa, en mi comunidad y no lo que amarga o intoxica el ambiente, porque eso se convierte en el reflejo de lo que soy. Con eso me quedo.

Vivir con gratitud implica tomar la decisión consciente de reconocer las bendiciones de Dios en cada instante de mi existencia. Va más allá de simplemente apreciar lo positivo; es una conexión profunda con la esencia misma de mi ser. Al elegir esta perspectiva, me libero de los sentimientos negativos que, aunque pugnan por surgir, son fácilmente ignorados, porque reconozco que nadie puede ofrecer lo que no posee, y, por lo tanto, elijo brindar lo mejor de mí.

Este acto de amor no solo nutre mi crecimiento personal, sino que también me compromete a contribuir significativamente en la vida de quienes me rodean. Entiendo que la vida no debe ser simplemente ocupar un espacio, sino vivir con propósito, utilizando los dones que Dios me dio para, con ellos, enriquecer la experiencia de quienes comparten conmigo este viaje.

La presencia de personas que constantemente anticipan tragedias y tienen una destreza notable para vaticinar catástrofes suele resultar indeseable para la mayoría. Su tendencia a pronosticar lo negativo y a sumergirse en pensamientos pesimistas puede afectar el ambiente y generar una carga emocional innecesaria. Es bueno intentar ayudar a la gente gris, pero cuidando de que no nos roben los colores.

Recuerdo haber leído un reportaje que revelaba que el 92% de nuestros pensamientos nunca llega a concretarse, lo cual resalta la futilidad de sumergirse en anticipaciones negativas. Ante esta realidad, prefiero adoptar una visión más optimista y proactiva. Invertir tiempo y creatividad en extraer lo mejor de cada situación, se presenta como una elección más saludable.

En lugar de permitir que pensamientos negativos amarguen mi existencia, prefiero enfocarme en encontrar soluciones, aprender lecciones valiosas y cultivar una mentalidad positiva. Esta actitud no solo contribuye a mi bienestar personal - incluyendo mi salud física, - sino que también influye positivamente en mi entorno, creando un ambiente más adecuado para el crecimiento y la superación de desafíos.

En el transitar de mi existencia, opté por asumir un lema que guía cada uno de mis pasos con determinación y pasión: cuidarme a mí misma es mi responsabilidad suprema, ante la que todo lo demás puede esperar. Este acto de amor propio no es mero egoísmo, sino el reconocimiento profundo de que solo desde un interior colmado de amor y paz, puedo extender mi mano al mundo exterior.

He comprendido que nunca lograré ofrecer aquello de lo que carezco. Por ello, mi primer deber es amarme incondicionalmente, aceptando cada faceta de mi ser, tanto las luminosas como aquellas de las que menos orgullosa me siento. Solo así, desde la aceptación y el amor hacia mí, soy genuinamente capaz de amar a otros.

Para ser esa fuente inagotable de alegría que deseo proyectar, primero debo sumergirme en la propia, encontrando gozo en mi esencia, en mis acciones, en los pequeños detalles que componen mi día a día. La felicidad no es un destino a alcanzar, sino una compañera de viaje que surge de mi interior, alimentada por la pasión que pongo en cada cosa que hago.

Vivo bajo este estandarte y enarbolo esa bandera, consciente de que mi bienestar personal es el cimiento sobre el cual puedo construir un mundo mejor, no solo para mí, sino para aquellos cuyas vidas toco. Al cuidarme me hago fuerte; al amarme me vuelvo generosa en amor; al alegrarme, mi existencia se convierte en una celebración constante. Este es el camino que he elegido: un sendero de autoconocimiento, amor propio y entrega desinteresada, sabiendo que el primer paso siempre comienza conmigo.

En este momento, hago una pausa para reconocer y festejar que estoy viva. Respiro sincera gratitud por cada muestra de afecto que he dado y recibido, consciente de que estoy edificando un hoy repleto de significado, cuya esencia perdurará, inspirando a futuras generaciones. Independientemente del rumbo que tome mi viaje, mi compromiso es vivir cada instante con intensidad y propósito, asegurándome de que cada amanecer aporte valor a mi historia.

Aunque hoy no pueda alzarme sobre finos tacones, sí puedo contemplar la vida desde una nueva altura, abrazo con fervor el regalo de la vida y la capacidad de dedicarme a mis pasiones. Mi labor se convierte en una bendición para quienes encuentran en ella una fuente de inspiración o consuelo. Me esfuerzo por ser un faro de luz en el camino de otros, utilizando cada jornada como una plataforma para influir positivamente en mi entorno.

Celebrar mi existencia va más allá de las circunstancias externas; es un acto de reconocimiento del don de vida que Dios me ha regalado. Con cada acción, busco honrar esta vida que me ha sido confiada, sembrando semillas de amor, de esperanza y de cambio en el corazón de quienes junto a mí transitan este hermoso camino.

13

La Mujer en la que Quiero Convertirme

La mujer en la que quiero convertirme no es una simple proyección de lo que me gustaría ser, sino una evolución continua, un reflejo de cada batalla librada, también de cada caída pero, sobre todo, de cada levantamiento tras el tropiezo.

A lo largo de mi vida, tuve que enfrentar momentos que pusieron a prueba no solo mi cuerpo, sino también mi espíritu, mi fe y mi resiliencia. Sin duda, esos desafíos me moldearon, hasta llegar a ser la mujer que soy hoy, pero también me impulsan a ser mucho más.

Soy consciente de que por delante queda un largo camino lleno de aprendizajes. A pesar de que superé grandes obstáculos y logré encontrar fortaleza en los momentos más oscuros, sé que aún tengo áreas en las que debo crecer y perfeccionarme.

Sin embargo, lo más importante es que ahora puedo mirar hacia adelante con una claridad renovada y con la certeza de que cada experiencia me acerca más a esa versión de mí misma que aspiro a ser.

A lo largo de los años, he desarrollado una voluntad que no se rompe fácilmente. La vida, en su complejidad, me dio razones suficientes para rendirme, pero, lejos de aceptarlas, elegí construir mi resiliencia, reforzar mi voluntad y hacer frente a cada adversidad. La mujer en la que quiero convertirme es aún más fuerte, con una voluntad que va más allá de la supervivencia y que busca inspirar a otros a no rendirse. Quiero ser una mujer que no solo se enfrenta a sus propios desafíos, sino que ayuda a otros a enfrentarse a los suyos.

Ser empresaria, madre y mujer representa un reto diario nada pequeño, pero me ha enseñado que cuando creemos en algo con todo nuestro ser, no importa el número ni la magnitud de los obstáculos que aparezcan en el camino, siempre encontraremos la dosis de fortaleza necesaria para seguir adelante. Quiero que esa voluntad siga creciendo en mí, convirtiéndome en una persona que se mantenga firme en sus convicciones, sin importar las circunstancias.

Con el tiempo, he aprendido la importancia de comprometerme con las causas en las que creo profundamente. Mi carrera, mi familia, y mi vida personal poseen una pasión que trascienden lo profesional o cotidiano. Quiero seguir siendo esa mujer que defiende sus valores y lucha por lo que es justo, pero también deseo aprender a hacerlo desde una posición de comprensiva empatía.

El compromiso que tengo con mi familia, mi trabajo y mi comunidad no se desarrolló de la noche a la mañana. Es fruto de años de luchas, sacrificios y lecciones. Sin embargo, sé que aún puedo hacer más, y la mujer que quiero ser es alguien que, sin perder un ápice de pasión, logre equilibrar sus fervorosas luchas por sus causas y a la vez que cuidarse en el proceso.

Las cicatrices que llevo, tanto físicas como emocionales, no son solo marcas del dolor pasado, sino testimonios vivos de que soy capaz de surgir invicta de las batallas. La cirugía a la que me sometí fue un punto de inflexión crucial, no solo por el impacto físico que tuvo, sino porque me obligó a detenerme y reevaluar mi fuerza interna. En esos momentos de vulnerabilidad, cuando mi mundo se concretó en una silla de ruedas y poco después dependí de un andador, logré, sin embargo, comprender lo que realmente significa ser fuerte.

La mujer en la que me quiero convertir no solo acepta sus cicatrices, sino que las porta con honra, como símbolos de su capacidad de superación. Anhelo ser alguien que inspire a otros a etiquetar sus propias cicatrices como marcas de fortaleza, y no de debilidad. Cada desafío enfrentado me otorgó una lección invaluable, y aunque las cicatrices perdurarán, sé que me han preparado para ser más resiliente, más compasiva y más sabia.

A lo largo de mi vida, tuve que conjugar múltiples roles: empresaria, madre, amiga, y mujer. Cada uno de ellos conlleva enormes responsabilidades y altas expectativas, y aunque he aprendido a manejar muchas de ellas, sigo buscando un equilibrio más armonioso.

La mujer en la que quiero convertirme sabe cómo poner límites saludables, cómo priorizar el tiempo para ella misma sin descuidar a los demás y cómo disfrutar de cada aspecto de su vida sin sentirse abrumada.

Parte de este equilibrio implica aprender a pedir ayuda cuando sea necesario, algo que, confieso, nunca me ha resultado sencillo. Quiero ser una mujer que no tema apoyarse en los demás, que sepa delegar y que entienda que no tiene que cargar con todo el peso ella sola.

Finalmente, la mujer en la que quiero convertirme vive en gratitud. Aprendí que, sin importar lo difícil que sea una situación, siempre hay algo por lo cual estar agradecida. La gratitud me ha permitido cambiar mi perspectiva, ver el lado positivo de las cosas y mantener la esperanza incluso en los momentos más oscuros. Quiero cultivar esa gratitud en mi vida diaria, no solo como una respuesta a los buenos momentos, sino también como una herramienta para navegar en los encrespados mares de los desafíos.

Sé que aún tengo un largo camino por recorrer, pero cada paso me acerca más a la mujer que aspiro a ser. Aún no soy la que quiero ser... Ni soy todavía la que debo ser, pero tampoco soy la que era.

Con cada lección aprendida, con cada batalla librada, me acerco más a una versión de mí misma, no solo es más fuerte y resiliente, sino también más compasiva, equilibrada y agradecida. Mi deseo es que, al seguir este camino, logre inspirar a otros a encontrar su propia fortaleza interna y a ser las mejores versiones de sí mismos.

14

La Meta es Clara

Tener metas claras y definidas nos confiere la capacidad de trazar un camino directo hacia nuestro destino, al igual que conducir con un GPS. Asimismo, la claridad de objetivos agudiza la brillantez de pensamiento para tomar decisiones informadas sobre cómo alcanzarlos, situación esta que se ve mermada cuando hay ambigüedad en nuestro propósito.

Del mismo modo que el GPS nos ofrece diversas rutas, a diario enfrentamos obstáculos que nos desafían a encontrar soluciones creativas. Superar tales desafíos nos acerca más a nuestras metas, al igual que cada giro correcto nos aproxima a nuestro destino final. Además, podemos ajustar nuestros planes y estrategias cuando encontramos obstáculos inesperados, tal como el GPS recalcula la ruta cuando nos desviamos. Fíjate que, cuando tenemos claridad de propósito, aun los tropiezos se convierten en una caída hacia adelante que nos aproxima al destino.

En este viaje hacia el logro de nuestros objetivos, es esencial mantenernos enfocados en nuestra meta final y ser flexibles para adaptarnos a los cambios imprevistos que hallaremos en el camino. También es crucial disfrutar del viaje y elegir sabiamente entre las alternativas disponibles. Cada desafío nos brinda la oportunidad de aprender y crecer, confiando en nuestro instinto y sabiduría para superar los obstáculos.

Mientras conducimos con la ayuda de un GPS, encontramos caminos inesperados hacia nuestras metas y objetivos. A veces el GPS nos dirige por rutas desconocidas, consideradas las más cortas, pero no siempre resultan ser las más seguras o placenteras. De manera similar, en nuestra búsqueda de metas, es crucial disfrutar del viaje y elegir sabiamente entre las alternativas disponibles. Debemos observar cuidadosamente las opciones y aplicar los ajustes necesarios para avanzar de manera segura y en paz.

Al igual que al conducir, en el discurrir de la vida enfrentamos obstáculos y desafíos, pero cada desvío nos brinda la oportunidad de aprender y crecer. Confiamos en nuestro instinto y sabiduría para tomar decisiones informadas y superar los obstáculos. En este viaje hacia nuestras metas, es esencial disfrutar del proceso y estar abiertos a las lecciones que el camino tiene para ofrecernos.

Así como el GPS requiere servicio de Internet para funcionar, el camino hacia nuestras metas necesita la guía divina. Dios dirige nuestro camino y recalcula las opciones a medida que avanzamos. Sin Su Presencia, nuestro viaje carece de dirección y claridad. Con Dios como guía, surcaremos cualquier dificultad y encontraremos el camino correcto incluso en los momentos más difíciles.

Su amor incondicional es nuestra fuerza e impulso para perseverar cuando la senda se torna difícil. La presencia de Dios es fundamental para alcanzar nuestras metas y superar cualquier obstáculo de camino a nuestras metas.

Desde mi infancia tuve un sueño muy claro: ser una mujer de negocios con mi propia chequera. Me inspiraban ver a esas mujeres seguras y ocupadas que llevaban a cabo actividades importantes, luciendo impecables en sus vestidos y pisando con firmeza sobre sus tacones. A pesar de los obstáculos que enfrenté, como convertirme en madre a temprana edad, mis metas nunca cambiaron. Aunque mi realidad se transformó y asumí nuevas responsabilidades, en mi corazón siempre supe lo que quería para mí y para mi hijo, por eso trabajé duro y sin descansar para lograrlo.

Con el tiempo, mi pasión por el mundo de los negocios y mi deseo de empoderamiento femenino, lejos de disiparse, se incrementó. Cada página que leía y cada palabra que escribía representaban un paso más hacia la realización de mis sueños. Ahora, al mirar atrás, puedo apreciar cómo mi amor por el aprendizaje y mi determinación me llevaron por un camino emocionante y lleno de oportunidades.

Aunque el camino estuvo lleno de desafíos, nunca perdí de vista mi meta de convertirme en empresaria, impartir clases en la universidad, expandir mis servicios a otras partes del mundo y servir a mi comunidad desde cualquier lugar al que Dios me lleve. A día de hoy me alienta la misma pasión y siento el entusiasmo de siempre, convencida de que cada paso me acerca más a cumplir mis sueños y hacer una diferencia en el mundo.

En este proceso de rehabilitación, marcado por el rediseño constante de metas y una montaña rusa de emociones, siempre busco alcanzar la tan anhelada *"normalidad"*. Al principio mi meta se concretaba en caminar sin necesidad del andador, luego aspiraba a dar pasos sin dolor y reducir la discrepancia entre mis caderas para dejar de cojear.

A medida que avanzaba, logré reducir el tamaño de las plantillas que utilizaba en mis zapatos deportivos, un pequeño logro que marcó un gran progreso en mi recuperación. Ahora anhelo y persigo el momento en que podré retornar a los tacones altos: un símbolo de libertad y normalidad que representa un hito importante en mi camino hacia la plena recuperación.

Las expectativas del médico eran que la discrepancia entre mis caderas se redujera en poco más de un año. Sin embargo, gracias a mi disciplina y al apoyo constante de mis terapeutas, hemos logrado avances significativos en la mitad del tiempo previsto. Aprendí que vivir comprometida con una meta marca una gran diferencia en cualquier objetivo que nos tracemos. Si queremos ver sueños cumplidos, tenemos que dedicarnos, esforzarnos y hacer lo que sea necesario para lograrlo.

Cada avance, por pequeño que parezca, representa una victoria en mi camino hacia la recuperación. Celebro cada paso con gratitud y alegría, reconociendo que cada logro me acerca más a mi meta de recuperar mi movilidad, independencia y plenitud. Aunque hubo, y sé que habrá, momentos difíciles y desafiantes, mi determinación y fe en mi capacidad me impulsan. Cuando la meta es clara, nada podrá alejarte de ella. Eres más que tus circunstancias.

15

Levanta la Mano y Pide Ayuda

En el tumultuoso trayecto de mi rehabilitación, experimenté una vorágine de emociones que ha dejado una marca imborrable en mi ser. Desde el momento en que salí del quirófano, cada día se ha convertido en una montaña rusa de desafíos y profundos aprendizajes.

Al principio, la impuesta y total dependencia, incluso de las tareas más sencillas y cotidianas, de las enfermeras y de mi querida hermana me abrumaba. A medida que mi cuerpo luchaba contra el dolor, también enfrentaba la debilidad y las alucinaciones, derivados de la falta de hemoglobina. Fue entonces cuando tuve que aprender a pedir ayuda. Mis fuerzas eran insuficientes, y aceptar mi vulnerabilidad fue un desafío en sí mismo.

Cada movimiento requería un esfuerzo titánico, y prepararme mentalmente para enfrentar esos retos fue crucial. Reconocer la necesidad de ayuda marcó el inicio de mi recuperación. Mi salud mejoró en el centro de rehabilitación, aunque seguía limitada a una silla de ruedas, por el dolor y el riesgo de caídas.

En este proceso aprendí la importancia de solicitar ayuda y aceptar el respaldo de los demás. Al permitirme recibir asistencia, posibilité que otros compartieran su amor, cuidado y recursos conmigo, fortaleciendo nuestros vínculos emocionales y comunitarios. Solicitar ayuda se convirtió en un gesto de generosidad, brindando la oportunidad a otros de contribuir y sentirse valorados en mi vida. Recuerda que aceptar ayuda no es signo de debilidad, por el contrario, denota humildad y valentía. Superar el orgullo y el temor al rechazo me abrió a recibir apoyo cuando estaba vulnerable, cultivando relaciones auténticas y profundas.

Como líder, he comprendido la importancia de delegar tareas y reconocer los talentos de mi equipo. Esto no solo ha sido clave para el éxito de nuestros proyectos, sino que también ha enriquecido nuestra experiencia grupal y el servicio ofrecido a los clientes. La colaboración y la confianza en el equipo resultaron esenciales para avanzar hacia la autosuperación.

Cada pequeño avance ha sido motivo de celebración, y cada logro se convirtió en una victoria. La determinación y el coraje fueron mis aliados más fuertes, impulsándome a seguir adelante incluso en los momentos más oscuros. A través del testimonio y de la lucha de quienes me rodeaban, encontré inspiración y fortaleza para superar mis propias adversidades.

Este proceso de rehabilitación puso a prueba mi fuerza interior y mi capacidad para superar desafíos. Cada obstáculo vencido me aproximó un paso más a la plenitud y la autosuperación. Ahora sé que soy más fuerte de lo que jamás imaginé, y estoy lista para enfrentar cualquier desafío que la vida me presente.

En aquel centro de recuperación, rodeada de personas que enfrentaban desafíos superiores a los míos, me sentí profundamente agradecida. Experimenté una transformación no solo física, sino también mental y espiritual. Cada día, mientras avanzaba en mi camino hacia la recuperación, recordaba cuán afortunada era de tener la oportunidad de crecer y transformarme en una versión mejorada de mí misma.

El cariño y el respaldo que profesaban los terapeutas y enfermeros, con todos los pacientes que estábamos recluidos en aquella institución, fueron motivo de esperanza y fuente de inspiración para escribir este libro. Esa historia que viví durante dieciséis días, se convirtió en uno de los momentos más difíciles de mi vida, sin embargo, también me devolvió la fe en las personas que hacen su trabajo con amor.

Cada paciente allí internado, tenía una narrativa extraordinaria, obviamente, nadie quiere verse en una posición como aquella, tratando de atender las secuelas resultantes de una cirugía, un accidente o una condición de salud. Sus rostros revelaban el dolor, desconcierto y desdicha que les tocaba atravesar. Por otro lado, la empatía de aquellos empleados de la salud, aliviaba nuestras cargas, mitigando la soledad de nuestros difíciles días.

Me resistía a permanecer en la cama; cuando no estaba en terapia, prefería sentarme en la silla de ruedas. Colocaba mi computadora en la mesa de noche y me ponía a trabajar: respondía correos electrónicos, elaboraba estados financieros y redactaba cartas y propuestas. Mantener mi mente ocupada era una parte fundamental de mi terapia.

Al día siguiente, informé a la terapeuta del dolor de espalda que sentía por permanecer en esa posición durante tantas horas. Ella me dio un cojín ortopédico para el respaldo de la silla y bolsas de hielo para aliviar el espasmo. También me proporcionaron un sillón reclinable, permitiéndome alternar posiciones y reducir la incomodidad. A menudo, acciones simples y de bajo costo pueden marcar una gran diferencia en la vida de las personas, especialmente de quienes atraviesan momentos de vulnerabilidad.

Este período de mi vida ha sido un punto de inflexión en el que aprendí a valorar cada avance del proceso y a dar gracias por la capacidad de enfrentar los desafíos con determinación y fe. En definitiva, el acto de pedir ayuda no solo fue esencial en mi rehabilitación física, también ha sido un catalizador para mi crecimiento personal y mi conexión con los demás.

16

Haciendo Historia

Desde que tengo memoria he cultivado una ferviente pasión por el aprendizaje y el conocimiento. Creo que *"el día en que dejes de aprender, dejarás de crecer"*. Esa máxima ha prevalecido en mi trayectoria, y la sed de saber y la búsqueda de nuevos horizontes han sido pilares en mi vida. Mi compromiso con la formación académica es profundo, motivado por el deseo de adquirir herramientas necesarias para contribuir significativamente a la sociedad que me rodea.

Esta ambición por aprender ha moldeado mi trayectoria y ha guiado mis pasos hacia la realización personal y el servicio a los demás. Soy consciente de que sabiduría es más que conocimiento... En concreto, sabiduría es el conocimiento refinado por la experiencia, pero resulta obvio que cuantas más nociones adquiramos, más sabiduría podremos desplegar; eso es para mí un poderoso aliciente.

Tras completar mi maestría en Gerencia y Liderazgo Estratégico, decidí establecer mi propia oficina de consultoría administrativa, especializándome en la gestión de fondos federales, con un enfoque particular en el sector agrícola y gubernamental. Tenemos un equipo de trabajo variado y ofrecemos servicios a más de seiscientos clientes en los pasados cuatro años.

Mientras consolidaba mi negocio, sentí la necesidad de ampliar mis horizontes laborales y desafiarme intelectualmente mediante una certificación que también aportara valor a mi comunidad. Consciente de la importancia de invertir en mi desarrollo personal y profesional, emprendí una exhaustiva búsqueda de programas de certificación. Entre las opciones destacaban la gestión de subvenciones, el Derecho y la Auditoría Forense. Esta última captó mi atención por su enfoque innovador y su componente investigativo, convirtiéndose en mi elección ideal.

Elegir el campo de la Auditoría Forense fue una decisión deliberada y consciente. Vi en esta disciplina un desafío estimulante que impulsaría mi aprendizaje y crecimiento profesional. La posibilidad de dominar técnicas avanzadas de investigación y aplicarlas en contextos administrativos y legales me resultó profundamente atractiva y motivadora.

Durante el programa de certificación en Auditoría Forense, me descubrí buceando en un mundo de conocimientos técnicos y prácticos. Desde el análisis de datos financieros hasta la detección de posibles fraudes y malversaciones; cada aspecto del curso me desafió a pensar de manera crítica y a aplicar métodos innovadores para resolver problemas complejos.

A medida que avanzaba en el programa, aprecié la intersección entre la contabilidad, la investigación y la ley. La Auditoría Forense implicaba no solo el manejo de cifras y datos, sino también la capacidad de analizar situaciones desde múltiples perspectivas y presentar hallazgos de manera clara y concisa ante instancias judiciales o administrativas.

Esta certificación me brindó habilidades técnicas y analíticas indispensables, además de una perspectiva renovada sobre la crucial importancia de la integridad y la transparencia en la gestión de recursos. Aprendí a identificar y prevenir irregularidades, fortaleciendo mi compromiso con mantener altos estándares éticos en todas mis actividades profesionales.

Al concluir el programa, me sentí plenamente preparada para asumir los desafíos y responsabilidades de la gestión de fondos federales y la consultoría administrativa. Mi experiencia previa en contabilidad, gerencia y liderazgo estratégico, junto al conocimiento en Auditoría Forense, me transformaron en una profesional versátil y competente, capaz de ofrecer soluciones innovadoras y efectivas a clientes y colaboradores.

Participar en el curso en línea de la Universidad de la Paz, ofrecido a través de FELADE y respaldado por la ONU, marcó un hito importante en mi desarrollo profesional. Integrarme en un grupo diverso de destacados profesionales me brindó la oportunidad de ampliar mis conocimientos y perspectivas. Los temas abordados, como el perfil del delincuente de cuello blanco y el impacto de los crímenes transnacionales, enriquecieron significativamente mi comprensión de áreas clave en mi campo de estudio.

La experiencia, que se prolongó por un periodo de aproximadamente nueve meses, supuso un viaje de aprendizaje intenso, marcado por noches dedicadas al estudio y al trabajo. La ceremonia de graduación en Costa Rica, donde estuve acompañado por mi hermana, fue un momento de sano orgullo y reconfortante satisfacción. Allí, tuve la oportunidad de conocer a compañeros de diferentes partes de Latinoamérica y participar en un taller práctico sobre investigación forense dirigido por el Dr. Luis Fernando García y la Dra. Olga Jazmín Carrillo Rey.

Compartir con el primer grupo de Auditores Forenses Internacionales fue una experiencia profundamente enriquecedora que aún me emociona. Durante ese tiempo, formamos lazos duraderos y celebramos juntos el orgullo de ser la primera cohorte de Auditores Forenses Internacionales.

Hoy, colaboramos en proyectos internacionales y desarrollamos iniciativas conjuntas, aprovechando nuestras diversas experiencias y conocimientos para complementar y enriquecer los planes que emprendemos. Ya no somos solo compañeros de clase; ahora somos una familia. Nos apoyamos mutuamente, compartimos aprendizajes, viajamos, reímos y celebramos con alegría los triunfos de cada uno.

El reconocimiento recibido, tanto en las redes sociales como en los medios de comunicación, fue un claro síntoma y testimonio de la importancia de este hito en mi carrera. Ser la primera puertorriqueña en obtener la certificación Internacional en Auditoría Forense supone un honor que valoro profundamente.

La proclama de felicitación de la Cámara de Representantes, a través del Sr. Joel Franqui Atiles, representa un símbolo de reconocimiento, a la vez que un incentivo para seguir haciendo historia en mi campo profesional.

Si me preguntan ¿Cuál es mi mayor recompensa? Sin duda, el orgullo de mis padres y de mi hijo. Resulta inefable la sensación de haber podido regalarles esa extraordinaria experiencia que siempre llevaré en lo más profundo de mi corazón.

17

Una Vida en Propósito

Cuando tienes una meta clara, nada ni nadie puede desenfocarte. Al enterarme de mi embarazo siendo tan joven, mi vida dio un giro inesperado. Mi presente cambió drásticamente y mi futuro tomó un rumbo distinto. Tuve que reajustar mis metas y equilibrar las expectativas según las circunstancias que enfrentaba. Sin embargo, hubo algo inquebrantable: mi determinación de seguir adelante y alcanzar mis sueños permaneció intacta, sin flaquear en ningún momento.

Esa firme seguridad se convirtió en mi norte y en mi guía constante a lo largo de los años. A pesar de los múltiples desafíos que se presentaron y de las dificultades que tocó enfrentar, jamás abandoné mi deseo genuino de seguir estudiando y de construirme un futuro profesional sólido. De hecho, la llegada de mi hijo supuso un nuevo aliciente y una motivación adicional para esforzarme aún más y ser significativa en todo lo que emprendiera.

Cada obstáculo se tornaba en una oportunidad para crecer y fortalecerme. Mantuve el enfoque en mis metas, sabiendo que nada ni nadie podría desviarme del camino que había elegido. Mi determinación y compromiso se convirtieron en mi motor, impulsándome a superar cualquier adversidad que se interpusiera en mi camino.

Ahora, al mirar hacia atrás, puedo ver cómo cada desafío superado me ha llevado un paso más cerca de mis sueños; incluso los tropiezos, pues los hubo, fueron caídas hacia adelante que me aproximaron a la meta. Mi historia es prueba de que, con determinación y perseverancia, no hay límites a lo que podemos lograr.

Nuevamente, la historia me coloca en una posición similar, cuando, aterrada, di el primer paso en este proceso de rehabilitación; lo hice con la firme convicción de que pronto recuperaré la estabilidad en mis piernas, mi independencia total y la capacidad para disfrutar nuevamente de las actividades que siempre he amado. Este camino ha sido desafiante, pero también una fuente inagotable de crecimiento y desarrollo personal.

En el transcurso de esta travesía tuve el privilegio de cruzarme con personas excepcionales, verdaderos ángeles que han iluminado mi camino, brindándome su apoyo incondicional en los momentos más difíciles. Su presencia ha sido mi sostén, mi lugar seguro y les estaré eternamente agradecida por su generosidad y amabilidad. En este punto puedo decir, con humildad y determinación, que estoy lista para enfrentar cualquier desafío que el futuro pueda traer, con la misma determinación y pasión que me trajeron hasta aquí.

Cada paso en este proceso de rehabilitación ha sido una lección de vida. Aprendí a superar mis miedos, enfrentar los obstáculos con valentía y descubrir en mi interior una fortaleza que desconocía. Esta experiencia me ha brindado herramientas valiosas que me han impulsado hacia adelante, paso a paso, escalón a escalón. Un avance progresivo, a veces lento, pero siempre firme y decisivo.

Aunque falta camino aún, me llena de emoción y esperanza pensar en el progreso que he logrado hasta ahora. Cada pequeño avance es una victoria, un recordatorio de que no hay límites para lo que puedo alcanzar mientras mantenga claro mi propósito claro y firme la determinación de seguir adelante.

Estoy plenamente convencida de que cada experiencia vivida está intrínsecamente ligada a un plan de crecimiento personal y espiritual. Cada suceso, cada desafío, cada momento de alegría o adversidad, forma parte de un diseño divino que guía mi camino y moldea mi ser.

Creo firmemente que todo lo acontecido en mi vida responde a la voluntad perfecta de Dios. Cada obstáculo superado y cada lección aprendida, fueron una oportunidad para cultivar la paciencia, la humildad y la esperanza. Estas virtudes suponen pilares fundamentales que me sostuvieron en los momentos más difíciles y me han inspirado a seguir adelante.

A lo largo de mi camino, admito que en ocasiones mi fe flaqueó, que la desilusión nubló mi mente y el desánimo ha intentado dominar mi espíritu. Sin embargo, una luz radiante rasgó el velo de la oscuridad. Jesús nunca se ha rendido conmigo; su amor incondicional y su gracia infinita son mi refugio en las tormentas.

A través de innumerables pruebas y tribulaciones, Jesús me ha mostrado una y mil veces que mi vida está sellada para un propósito perfecto. Es inevitable que amanezcan días en los que me sienta confundida, incluso desorientada y hasta perdida, pese a ello sé que formo parte de un plan divino mucho más grande de lo que alcanzo a comprender. Cada experiencia, por lacerante, dolorosa o desafiante que sea, contribuye de alguna manera a la realización de ese propósito.

Reflexionando en el camino que me trajo hasta este punto, me llena de gratitud y esperanza saber que cada experiencia, la humedad de cada lágrima y el calor de cada sonrisa compartida, fueron parte de un proceso de crecimiento y transformación. Tengo la firme confianza de que el futuro me depara nuevas oportunidades de aprendizaje y crecimiento, y me comprometo a abrazar cada instante con fe y determinación.

Así, con el corazón desbordando gratitud y la mente destilando esperanza, cierro este capítulo de mi vida, sabiendo que estoy en manos de Aquel que conoce y labra mi destino, mientras guía mis pasos con amor y misericordia.

18

Ángeles en el Camino

Estoy convencida de que los momentos de vulnerabilidad que experimenté fueron una ventana que se abrió a una mejor versión de mí. Cada desafío y cada obstáculo aportaron invaluables lecciones en las que aprendí a valorar el amor y la empatía de quienes me rodean. En medio de mi fragilidad, he sido testigo del increíble poder que emana del cuidado y de la compasión de las personas que estuvieron a mi lado, siendo parte de este proceso.

Durante los días en los que precisaba de un andador, incluso de una silla de ruedas, para poder desplazarme, fui bendecida por el encuentro con personas extraordinarias. El amor con que mi hijo, mi esposo, mis padres, mi hermana, mis vecinos y amigos más cercanos, cuidaron de mí, son una confirmación del Amor de Dios hacia esta hija suya.

A excepción de la recepcionista del especialista en ortopedia, cuya actitud dejó mucho que desear, cada persona que se ha cruzado en este difícil tramo de mi camino, demostró una sensibilidad y un cariño que se posaron en mi corazón con la suavidad de una pluma. Sus gestos de amor, pequeños detalles cargados de ternura, supusieron bálsamo sanador en medio de tanta desesperación.

Los técnicos de sala de operaciones, las enfermeras de cirugía, los terapeutas... Cada uno de ellos ha sido un ángel defensor en mi vida. Su entrega y la dedicación con la que ejecutaron sus cometidos laborales, no solo ponían de relieve su gran profesionalidad, sino también un profundo sentido de humanidad. A través del cuidado y atención que me dispensaron, lograron aliviar mis miedos, calmar mis ansiedades e inyectarme fuerzas para seguir adelante en mi proceso de recuperación, además de ser ejemplo e inspiración de compromiso y servicio.

Cada experiencia vivida en el hospital, cada momento compartido con quienes velaban por mi bienestar, han sido lecciones de amor incondicional. Su generosidad y bondad han dejado una huella imborrable en mi corazón, recordándome que, incluso en los momentos más difíciles, nunca estoy sola. Su apoyo y su presencia han sido una pieza irremplazable que me ayudó a superar los desafíos con fortaleza y esperanza.

Por todo ello, hoy quiero expresar mi más profundo y sincero agradecimiento a cada persona que ha sido parte de mi camino de recuperación. Su bondad y dedicación han sido una guía invaluable en medio de la tormenta, y siempre estaré agradecida por su generosidad y amor.

En momentos de vulnerabilidad, cuando nuestras fuerzas flaquean, emergen las mejores cualidades del ser humano. La bondad, la empatía y el apoyo mutuo nos brindan dirección y esperanza, como las antiguas fotografías que revelan su belleza en la oscuridad del cuarto de revelado. Es en esos momentos sombríos, a veces de una negrura aterradora, cuando debemos recordar la importancia de confiar unos en otros, cambiar nuestra mentalidad y aceptar los retos con valentía.

Como dijo Albert Schweitzer: *"El único escape del sufrimiento es por medio del amor. Amar a otros es el camino para escapar del sufrimiento personal"*. Confiar en la bondad de quienes nos rodean y en nuestra capacidad de enfrentar la adversidad con coraje nos permite, no solo superar las pruebas, sino también descubrir la grandeza que reside en cada uno de nosotros y desarrollar nuestra mejor versión.

Convertirnos en mano amiga que se posa en el hombro desvalido y ayuda a las personas vulnerables a sobrellevar sus cruces, es uno de los actos más nobles que podemos realizar. Al sembrar en otros la semilla de la generosidad, creamos un ciclo de bondad que regresará a nosotros en los momentos cuando más lo necesitemos, aunque no lo hagamos con esa intención.

Cuando nos encontramos en medio de nuestras propias pruebas, Dios, en su infinita sabiduría, envía a sus ángeles para sostenernos, recordándonos que las acciones de amor y apoyo que brindamos a los demás, son las que nos sostienen cuando más lo necesitamos. En definitiva, este capítulo de mi vida ha sido la página en blanco cuyos renglones torcidos fueron soporte de lecciones hermosas.

En medio de toda esta experiencia, pude comprobar que es sobre las nubes oscuras donde se dibuja el más hermoso arco iris. Y aprendí que a veces hay que estar cojo para no estar ciego, y es necesario dejar de correr para levantar la vista.

Sí, el impedimento en mis piernas iluminó mi visión para llegar a ver cosas, detalles y a personas, en las que no había reparado cuando era capaz de desplazarme sin ningún impedimento. El plan de Dios me obligó a detenerme para reconocer la realidad y que pudiera percibir lo que estaba sucediendo dentro de mí, más allá de lo que ocurría a mi alrededor.

Pude ver auténticos ángeles en el camino.

19

Soy Fabulosa Exactamente Como Soy

Una vez más, me encuentro a treinta y tres mil pies de altura, en uno de mis lugares favoritos: un avión, rumbo a Colombia, uno de mis destinos predilectos. Aunque el motivo de este viaje es un compromiso laboral, eso no disminuye la emoción de salir de Puerto Rico y reencontrarme con personas que amo profundamente, quienes siempre inspiran y aportan a mi crecimiento personal.

La normalidad ha regresado casi por completo a mi vida. Ya no experimento dolor ni molestias. Aunque sigo asistiendo a terapias en sábados alternos para afianzar el ajuste de mi cadera, los signos de recuperación son evidentes y alentadores: volví a usar zapatos de tacón alto, puedo caminar largas distancias y realizar muchas actividades que antes de la cirugía parecían inalcanzables.

He vuelto a bailar sin agotarme en el intento y a hacer ejercicio en el gimnasio, aunque aún uso una plantilla elevada en algunos de mis zapatos. Espero pronto poder subirme a una bicicleta y reemprender esos paseos que tanto disfruto.

Este proceso de transformación física trajo inherente una metamorfosis mental, emocional y espiritual que ha modificado notablemente mi manera de ver el mundo y a las personas que me rodean. Porque la mentalidad con la que enfrentamos las estaciones de la vida lo es todo.

He decidido vivir feliz a pesar de lo que me sucede, pues, aunque no pueda controlar gran parte de los acontecimientos a mi alrededor, hay algo sobre lo que sí tengo control absoluto: la actitud con la que enfrento las oportunidades, y la mentalidad con la que elijo resolver cada situación. Este enfoque me ha permitido encontrar la paz en medio de la tormenta, y reconocer que la verdadera fortaleza no reside en evitar los desafíos, sino en cómo nos enfrentamos a ellos.

Cada día me esfuerzo por mantener una perspectiva positiva y localizar el rayo de luz en el día más sombrío, recordándome a mí misma que, aunque las circunstancias externas puedan ser difíciles o impredecibles, mi reacción ante ellas es mi poder personal. La vida me ha enseñado que no se trata de esperar a que pase la tormenta, sino de aprender a bailar bajo la lluvia. Esta elección consciente de mantener una actitud de gratitud y optimismo es lo que me permite seguir adelante, transformar mis debilidades en fortalezas y convertir los obstáculos en oportunidades para crecer.

Así, el desafío no está en las situaciones que no podemos cambiar, sino en la capacidad de adaptarnos. Debió ser alguien muy sabio quien dijo: *"Los pesimistas se quejan del viento, mientras los optimistas ajustan las velas para usarlo a su favor".*

Podemos y debemos buscar lo bueno incluso en los momentos más oscuros, y de moldearnos a nosotros mismos para ser más fuertes, resilientes y compasivos. Como bien dijo Viktor E. Frankl: *"Cuando ya no somos capaces de cambiar una situación, nos enfrentamos al desafío de cambiarnos a nosotros mismos".* Y en ese proceso de cambio interno, encuentro la libertad de aceptarme exactamente como soy.

Eso fue exactamente lo que hice: ser resiliente ante una realidad que debía aceptar y aprender a manejar. Trabajé en mi disciplina y me comprometí plenamente con el proceso para proteger las demás facetas de mi vida. Detenerme y lamentarme nunca fue una opción. Cuento con un negocio exitoso, una familia maravillosa, amigos invaluables y la capacidad de seguir adelante. Por eso decidí enfocar mi energía en lo positivo, en lo que puedo controlar y en las oportunidades que la vida me ofrece cada día.

Este proceso de rehabilitación me ha enseñado a vivir con la confianza de que existen personas genuinas, capaces de amar incondicionalmente sin esperar nada a cambio. También me ha demostrado que soy **suficiente** para mantener mi vida a flote y que soy fabulosa tal y como soy. Mis médicos, terapeutas, mi familia y amigos fueron verdaderos ángeles en este recorrido. Sumé a mi vida a personas increíbles, mientras que otras siguieron su propio camino.

Me he rodeado de gente maravillosa que me impregnó su visión de vida con entusiasmo y optimismo. Es fundamental recordar que somos un reflejo del entorno que nos rodea; si te rodeas de personas tóxicas, absorberás su negatividad, pero si te rodeas de personas emprendedoras, que siempre buscan ser su mejor versión, inevitablemente eso se reflejará en ti.

Por eso elijo que quien me acompañe en este proceso sean *"personas vitamina"* que inoculen salud a mi alma y que nutran mi día a día con energía positiva. ¡Cambió tanto mi vida desde que estuve en esa silla de ruedas! El camino ha sido realmente empinado, pero me transformó en una persona más feliz, más agradecida con lo que tengo, con quienes me rodean y, sobre todo, conmigo misma. He aprendido a aceptarme exactamente como soy, reconociendo que todos los días tengo la oportunidad de elegir ser una mejor versión de mí. No persigo ser mejor que *"aquel"*, sino mejor que ayer.

Es normal sentir miedo, dolor y desesperación, pero esos sentimientos no pueden definirnos; son simplemente parte de las piedras del camino, con las que construiremos puentes hacia nuestro crecimiento.

Estoy comprometida a utilizar mi experiencia para ayudar a quienes atraviesan procesos similares al que yo he vivido. Entiendo que las dificultades que superé, no solo me fortalecieron, sino que me han brindado la oportunidad de ser un faro de luz para quienes se encuentran en medio de sus propias tormentas. Mi testimonio puede ser una fuente de fortaleza y esperanza para otros, y me llena de satisfacción compartirlo, con el objetivo de inspirarles a continuar luchando.

Cada paso que he dado en este camino de recuperación ha sido un recordatorio de que, aunque las circunstancias sean difíciles, la resiliencia, la disciplina y el amor propio son herramientas poderosas para superar cualquier obstáculo. Por ello estoy decidida a ser una voz de aliento y apoyo, ofreciendo, no solo mi experiencia, sino también mi empatía y comprensión, a quienes necesiten un impulso para seguir adelante.

20

Vivir en Agradecimiento

Si algo he aprendido a lo largo de esta experiencia, es que la palabra que realmente mueve al mundo es: **¡Gracias!**. Después de años de crecimiento profesional, de disfrutar la felicidad y salud de mi hijo, rodeada de una familia incondicional y un equipo de trabajo excepcional, cuando parecía que todo estaba en equilibrio, de repente, todo se vino abajo.

Ahora dependía de una silla de ruedas; mi cuerpo se sentía frágil, con una pulgada de diferencia entre mis piernas que me hacía cojear y una anemia que consumía mis fuerzas. Una cirugía que no resultó como esperaba me dejó marcada y exigió un esfuerzo titánico para recuperar lo que había perdido. Fue un periodo de transición que exigió que aceptara mi nueva realidad, que trabajara con tenacidad para salir adelante y que, sobre todo, me preparara para volver a ser independiente.

En medio de todo esto, lo único que resonaba en mi corazón, lo que me impulsaba a seguir luchando cada día, era un profundo y sincero agradecimiento. Porque aunque el camino ha sido difícil, me ha enseñado que la gratitud es la fuerza más poderosa que tenemos para seguir adelante.

No se trata de señalar culpables ni de buscar justificaciones para rendirme. Al contrario, en el momento de mayor vulnerabilidad de mi vida, lo único que me queda es encontrar la fuerza interior para rediseñar mi camino. Mis decisiones deben estar alineadas con las metas que me he propuesto, transformando mis circunstancias en oportunidades para avanzar.

A pesar de las pruebas, elijo enfocarme en las valiosas experiencias que este proceso me ha regalado. Reconozco en mí una fuerza que trasciende el miedo, una llama interior que se enciende en los momentos más oscuros para recordarme que puedo superar cualquier adversidad. Confío plenamente en que Dios tiene el control, moldeando mi vida según Su propósito. No se trata solo de resistir, sino de transformar cada dificultad en una oportunidad para levantarme con mayor ímpetu y claridad sobre quién soy y hacia dónde me dirijo.

El dolor, las dudas y las dificultades forman parte del camino, pero no determinan quién soy. Lo que verdaderamente importa es cómo elijo enfrentar estos desafíos. Hoy decido que soy más fuerte que mis circunstancias y lleno mi mente de gratitud por este proceso. Elijo persistir con determinación, aprender de cada lección que la vida me brinda y avanzar con la certeza de que este recorrido me está moldeando para alcanzar mis sueños.

Aprecio las oportunidades que se han abierto ante mí y celebro la nueva persona que ha nacido dentro de mí a través de esta experiencia. Esta etapa ha sido un renacimiento, una oportunidad para abrazar una versión más plena y consciente de mí misma, forjada en la adversidad pero fortalecida por la fe y la gratitud.

Cada paso que doy, por pequeño que parezca, me acerca más a alcanzar mis metas. Aunque el camino pueda ser incierto, confío en que cada esfuerzo y decisión intencional me llevará a un lugar de plenitud y satisfacción. Hoy reafirmo mi compromiso conmigo misma: seguiré luchando por lo que creo, por lo que deseo y por lo que sé que merezco.

Al llegar al final de este libro, quiero expresarte mi más sincero agradecimiento por haberme acompañado en esta aventura tan personal y transformadora. Este primer libro es el fruto de un viaje profundo de reflexión, sanación y aprendizaje, y me llena de honor saber que has dedicado tu tiempo a leer cada una de sus páginas. Más que compartir mi historia, mi mayor anhelo ha sido brindarte un testimonio auténtico del amor de Dios, que se manifiesta incluso en medio de los desafíos y adversidades.

Cada palabra y relato fue seleccionado con el propósito de edificar tu vida e inspirarte a confiar que, aun en los momentos más oscuros, siempre existe luz y esperanza. En mi caso, esa luz ha sido la constante y amorosa presencia de Dios, quien me ha sostenido y guiado en cada paso. Esta experiencia me ha enseñado que Su plan es siempre superior al mío. Aunque muchas veces no comprendamos las razones detrás de lo que nos sucede, podemos estar seguros de que todo ocurre bajo un propósito divino.

Es mi mayor deseo que lo que has leído te sirva de fortaleza en tus propias luchas, y que encuentres en estas páginas un reflejo de la paz y el amor que Dios quiere derramar en tu vida. A veces, los caminos que nos toca recorrer no son fáciles, pero te aseguro que cada obstáculo, cada prueba, nos prepara para algo mayor. Mi experiencia ha sido testigo de esa verdad. He visto cómo, en los momentos de mayor vulnerabilidad, Dios ha levantado su mano para sostenerme y mostrarme su amor incondicional.

Te abrazo con todo mi corazón, agradecida por haberme permitido compartir este trozo de mi vida contigo. Espero que las palabras aquí escritas hayan resonado en lo más profundo de tu ser y que te sirvan de inspiración para enfrentar tus propios desafíos con fe y esperanza. Mi oración es que Dios se manifieste en tu vida con la misma intensidad con la que lo ha hecho en la mía, que te guíe, te sostenga y te colme de su paz infinita.

Este libro ha sido un proyecto que Dios me ha permitido trabajar, y confío en que, de alguna manera, también se convierta en un regalo para ti. Al cerrar estas páginas, deseo que te lleves contigo una certeza: no estás solo(a). El amor de Dios es real, es transformador y está siempre a nuestro alcance. Que esta experiencia te inspire a caminar de la mano con Él, confiando en su propósito, su bondad y su plan perfecto.

Gracias por ser parte de este viaje. Te bendigo y te envío todo mi cariño. ¡Hasta pronto!

Epílogo

Al iniciar el camino concluyente de la despedida, una mezcla de sabores impregna el paladar de mi alma: de un lado la nostalgia por dejar atrás las páginas que como verdes praderas han supuesto fuente de alimento y nutrición para mi espíritu.

De otro lado, una enorme gratitud ante la clara conciencia de que en estos jugosos pastos de tinta y letras encontré un crecimiento maravilloso. Sin ningún género de dudas hoy soy de un tamaño diferente a cuando me embarqué en la lectura de este libro, y esa es la prueba definitiva de sí algo merece o no la pena de ser leído; no se trata de letras que llenen tu cabeza, sino de reflexiones que abracen tu corazón y te transformen, y esto es lo que encontré en las páginas pasadas.

Querido lector y amable lectora, es mi humilde sugerencia que vuelvas sobre los capítulos que leíste, pues hay líneas que merecen ser leídas y releídas, repasadas y reposadas.

Hay reflexiones que vale la pena digerir lentamente después de haberlas ingerido, meditarlas con calma y profundidad, y a esa categoría pertenecen los escritos de Soemi Morales. Sus palabras tienen el poder de resonar en el corazón y transformarlo desde adentro.

Uno de los valores que subyacen en estos párrafos es la realidad de que no fueron escritos solo con tinta, sino con sangre que brotó de las heridas de su autora. Soemi consiguió convertir el dolor en un maestro y transformó cicatrices en renglones que desbordan sabiduría. Eso se llama dolor terapéutico, y son pocas las personas capaces de transformar una herida en un arado. Gracias, Soemi, por haberlo conseguido.

En definitiva, hojeando ahora las páginas que leí y edité, me doy cuenta de que cada uno de sus veinte capítulos son un cofre con miles de piedras preciosas: las palabras que lo llenan. Me afirmo en la idea de que los verdaderos tesoros no son los que llenan nuestro bolsillo, sino los que se posan en nuestra alma, convirtiéndonos en mejores personas, y esa clara sensación me embarga al poner cierre a este libro, pero ¡espera! Queda algo de suma importancia que no puedes dejar de leer: el anexo que viene a continuación.

Tengo la plena certeza de que la guía de estudio que enseguida encontrarás es una oportunidad grandiosa de afirmar las importantes verdades que hasta aquí leíste. Te sugiero que tomes bolígrafo o lapicero para escribir los pensamientos que esta guía propiciará. Sí, hazlo a mano, te lo ruego. Añoro los tiempos en que los manuscritos lo eran de verdad... Hoy son "mecanoscritos", pues casi nadie escribe a mano.

Pero componer letras con el grafito de un lapicero o la tinta de un bolígrafo sigue siendo un ejercicio que enriquece nuestro cerebro y multiplica nuestra creatividad, por eso te animo a rellenar las líneas de las páginas que siguen con la calidez de tu caligrafía.

Voy girando la llave sobre la cerradura de este libro, y enseguida iré alejándome. Buscaré nuevos pastos de tinta y letras en los que apacentarme. Encontraré nuevos mares de letras donde zambullirme, pero nunca olvidaré este viaje literario en el que, a lo largo de veinte capítulos, sentí que mi corazón vibraba y mi alma bebía.

Gracias, Soemi, por este legado literario. Dios quiera que no sea el último, pues tienes muchas cosas que decir y sabes cómo decirlas.

Dios te siga bendiciendo con creatividad, para que sigas siendo fuente de bendición para nosotros, tus lectores.

José Luis Navajo
Pastor y autor

EL NÉCTAR DE LA REFLEXIÓN

APUNTES Y PREGUNTAS
PARA EL CAMBIO Y EL CRECIMIENTO

Introducción

¡Muchas gracias por haberme acompañado en este viaje! Quiero que sepas que valoro mucho el regalo de tu tiempo, pues, como alguien dijo, *"el tiempo es el material del que está hecha la vida"*, por lo que al brindarme horas para leer este libro, me diste lo más valioso que tienes: una parte de tu vida.

A lo largo de las páginas que quedan atrás, he compartido contigo momentos transformadores, retazos de mi vida que tienen una especial significación por aquello que me aportaron o por lo que quitaron de mí. Creo que no exagero si te digo que en cada capítulo he dejado un pedacito de mi alma y he vertido memorias decisivas. Cada uno de los veinte segmentos que componen este libro tiene una enseñanza exclusiva, como gotas de un néctar que busca nutrir el alma.

Ahora, en este anexo, pretendo extraer, exponer y subrayar las lecciones más profundas, ofreciéndote la oportunidad de reflexionar sobre tu propio viaje, ese periplo y trayectoria vital que en este momento recorres.

En definitiva, persigo con este apéndice del libro que juntos meditemos y conversemos, con el objetivo de afianzar esos puntos clave que he intentado transmitir en las páginas pasadas. Nos ayudará a ello el plantearnos algunas preguntas que inviten al cambio y al crecimiento.

¿Quieres acompañarme en este tramo final? ¡Excelente! ¡Vamos a ello! Disfrutemos juntos del Néctar de la Reflexión.

Llegando a la Cima

La esencia:

Disfruté en este capítulo al hacerte partícipe del logro de un sueño largamente anhelado y que alcancé gracias a años de disciplina, sacrificio y fe inquebrantable. He aprendido que la cima no es solo un lugar físico o profesional, sino un estado de realización personal. Aunque el camino estuvo lleno de dudas y de obstáculos, cada paso fue guiado por la mano de Dios y tuve el apoyo de quienes creyeron en mí. En la cima no se celebra solamente el logro, sino también las importantes lecciones aprendidas durante el trayecto.

El Néctar de la Reflexión:

1. *"La cima no es el final, es el comienzo de una nueva perspectiva"*.

2. *"El esfuerzo y la fe transforman sueños en realidades"*.

3. *"Cada paso hacia la cima es una declaración de valentía".*

4. *"Él [mi hijo] me vio moler vidrio con mis pies descalzos... Me dio mi título más importante, el de ser mamá".*

5. *"Durante toda mi vida me he propuesto metas ambiciosas, que con trabajo y esmero he logrado, a menudo no en el tiempo que esperaba, sino cuando fueron Su voluntad".*

Permíteme unas preguntas:

¿Qué representa la cima para ti?

____

____

____

En este momento, ¿cuál es la cumbre que persigues coronar?

____

____

____

¿Qué estás dispuesto a hacer para alcanzarla?

____

____

____

Cirugía

La esencia:

La cirugía a la que fui sometida marcó un antes y un después en mi vida. En esa etapa enfrenté mis temores y aprendí a confiar en el proceso, a pesar de la incertidumbre. Aquel quirófano y el camino que vino después fueron una escuela en la que aprendí que incluso en los momentos más difíciles, podemos encontrar fortaleza y nuevas oportunidades para crecer.

El Néctar de la Reflexión:

1. *"Los retos que comencé a superar desde muy temprano en mi vida, no me impidieron tener una niñez tan activa como feliz. No es lo que enfrentas, sino la actitud con que lo haces".*

2. *"El dolor es temporal, pero el aprendizaje es eterno".*

3. *"La valentía no es la falta de miedo, sino avanzar a pesar de él".*

4. *"En los momentos más oscuros, la fe se torna en nuestra mayor luz"*.

5. *"No podemos controlar todas las variables, es mejor dejarse llevar por el Escritor de nuestra historia, pues Él conoce cuál es el plan perfecto para nuestra vida"*.

Permíteme unas preguntas:

¿Puedes identificar 3 o 4 desafíos que enfrentas actualmente?

____

____

____

¿Cómo puedes transformar tus desafíos actuales en oportunidades de crecimiento?

____

____

____

¿Qué desafíos superaste ya en tu pasado? Meditar en los obstáculos vencidos ayer, te ayudará a enfrentar con actitud victoriosa los que hoy enfrentas.

____

____

____

Una Hoja en Blanco

La esencia:

Recuerda que cada día es una nueva oportunidad para reescribir nuestra historia. No importa las líneas torcidas del pasado, cada jornada inaugura una página en blanco. Fue lo que experimenté después de mi cirugía, mi vida se convirtió en un nuevo libro a redactar; un trayecto desconocido en el que debía decidir cómo avanzar. Esta etapa me enseñó que no siempre podemos controlar lo que nos sucede, pero sí cómo respondemos. Aceptar esta hoja en blanco es un acto de valentía y gratitud.

El Néctar de la Reflexión:

1. *"Cada día es una página en blanco para escribir nuestra mejor historia".*

2. *"La vida no se trata de perfección, sino de progreso".*

3. *"La aceptación es el primer paso para crear un nuevo comienzo".*

4. *"Mi victoria implicó aceptar mi situación, agradecer por esta nueva oportunidad y reunir la valentía para seguir adelante".*

5. *"No me refiero a resignarme, sino a avanzar con determinación y una gran sonrisa en mi rostro, sin dar lugar a quejas".*

Permíteme unas preguntas:

Si hoy fuera el primer día del resto de tu vida, ¿qué te escribirías?

____

____

____

¿Puedes identificar algún nuevo comienzo que llegó en la historia de tu vida?

____

____

____

¿Qué le dirías a alguien cuyas páginas pasadas están llenas de líneas erróneas?

____

____

____

El Plan Perfecto de Dios Para Mí

La esencia:

El corazón del mensaje que quise compartir en este capítulo es que confiar en el plan divino me permitió encontrar paz en medio del caos. Como dije en la introducción a este anexo, pedacitos de mi alma quedaron en este escrito. Lo experimentado me permite decirte, sin ningún género de dudas, que aunque no siempre entendemos los caminos que Dios traza para nosotros, estos siempre tienen un propósito mayor. En este capítulo explico como, a través de la fe, aprendí a soltar el control y abrazar la certeza de que todo sucede en el tiempo perfecto y de la manera idónea.

El Néctar de la Reflexión:

1. *"Los caminos de Dios son misteriosos, pero siempre perfectos".*

2. *"La fe nos da fuerza para aceptar lo que no podemos cambiar".*

3. *"Dios no nos da batallas sin antes equiparnos con las herramientas necesarias".*

4. *"Cada crisis atravesada se ha convertido en un caldo de cultivo para valiosas enseñanzas que impulsaron mi desarrollo personal, preparándome para un nuevo horizonte en la vida".*

5. *"Ahora me esfuerzo a diario por inculcar en mi hijo estos valores fundamentales, consciente de la relevancia que han tenido en mi propia vida y en la toma de decisiones cruciales".*

6. *"Transmitir el temor a Dios a las futuras generaciones se convierte en un legado perdurable que seguirá su curso, incluso cuando yo no esté físicamente a su lado".*

Permíteme unas preguntas:

¿Qué situación en tu vida necesitas entregar al plan divino?

____

____

____

¿Cuál crees que es la razón o razones de no haberlo entregado?

____

____

____

¿Qué te parece si en las siguientes líneas redactas una oración dirigida a Dios, en la que le entregas esas áreas o situaciones que hoy quieres poner bajo Su control?

____

____

____

El Gran Impulso

REFLEXIÓN DEL CAPÍTULO 5

La esencia:

La maternidad fue, sin duda, un elemento que cambió mi vida y me dio un propósito más grande que yo misma. Supuso un desafío que me impulsó a crecer, a ser más fuerte y a trabajar incansablemente por un mejor futuro para mi hijo. En este capítulo he intentado destacar el poder del amor como motor para superar cualquier obstáculo. Mirar a mi hijo me proporciona esa reserva de energía que me permite escalar la montaña más alta; también me otorga alas para remontar las peores tempestades.

El Néctar de la Reflexión:

1. *"El amor transforma los sacrificios en actos de grandeza"*.

2. *"Ser madre me enseñó que los límites solo existen en nuestra mente"*.

3. *"La vida nos da desafíos para recordarnos lo que realmente importa".*

4. *"Los niños, sin duda alguna, reflejan lo que reciben de sus padres. Cuando son criados con amor, aceptación y valoración, aprenden a ser recíprocos en esa entrega".*

5. *"Si pudiese retroceder en el tiempo, seguramente cambiaría muchas cosas; desearía haber estado aún más presente en su vida, haber dedicado menos tiempo al trabajo. No obstante, tengo la certeza de que mi hijo es una persona feliz".*

Permíteme unas preguntas:

¿Qué o quién te impulsa a ser la mejor versión de ti mismo?

____

____

____

Si tienes hijos, ¿crees que estás dándoles esos tesoros esenciales que no se adquieren con dinero? Reflexiona al respecto en las líneas que siguen.

____

____

____

Te propongo que a continuación redactes unas líneas dirigidas a tus hijos, donde les expresas lo importantes que son para ti. Si no los tuvieras, utiliza este espacio para expresarle tu amor a tu padre, madre, hermano, hermana...

____

____

____

Enfrentando el Miedo

La esencia:

El miedo suele ser un compañero constante en nuestras vidas; es inevitable que sea un fiel acompañante, pero no tiene que ser un obstáculo. En este capítulo abrí mi alma para narrar cómo aprendí a mirar al miedo de frente y usarlo como una herramienta para avanzar. Cada paso dado, a pesar del temor, me acercó más a la persona que estoy destinada a ser. He aprendido que en múltiples ocasiones y ante muchas circunstancias, temblar es inevitable, pero sobreponerse y enfrentarlo es obligatorio.

El Néctar de la Reflexión:

1. *"El miedo puede ser una jaula o un trampolín, tú decides"*.

2. *"La valentía no elimina el miedo, lo transforma"*.

3. *"Cada vez que enfrentas el miedo, le quitas poder sobre ti"*.

4. *"La incertidumbre, al no tener el control absoluto de lo que sucederá, me encadena a la zona de confort, esa área apacible, pero estancada en la que no se permite florecer".*

5. *"Reconocer y aceptar el miedo es una muestra de coraje y fortaleza emocional, pero lo verdaderamente crucial es cómo manejamos ese sentimiento y de qué manera influye en nuestras decisiones".*

Permíteme unas preguntas:

¿Qué miedos puedes identificar en tu vida?

____

____

____

¿Puedes describir algún miedo que has vencido a lo largo de tu vida?

____

____

____

¿Qué elementos utilizaste para vencer tus miedos?

____

____

____

Podemos Tenerlo Todo

La esencia:

La diana a la que apunté en este capítulo fue recordar que, con enfoque y determinación, es posible lograr una vida plena. Y conviene recordar que plenitud en la vida no es tenerlo todo, sino disfrutar de aquello que tenemos. No se trata de alcanzar muchas cosas al mismo tiempo, sino de encontrar balance y propósito en lo que hacemos. He aprendido que la clave no radica en disfrutar de muchos golpes de suerte, sino en aprovechar cada oportunidad con gratitud y esfuerzo constante.

El Néctar de la Reflexión:

1. *"El éxito no se mide por lo que tienes, sino por lo que valoras"*.

2. *"El esfuerzo diario construye sueños extraordinarios"*.

3. *"Vivir plenamente es apreciar el momento presente mientras trabajas por el futuro".*

4. *"La vida nos ofrece cada día un lienzo en blanco, compuesto de veinticuatro horas. Nosotros decidimos como colorearlo".*

5. *"No se trata solo de soñar en grande; se trata de dar pasos calculados para ver como se cristalizan nuestros sueños".*

Permíteme unas preguntas:

¿Cuáles son los sueños que hoy tienes y deseas alcanzar?

____

____

____

¿Puedes describir algún sueño que ya alcanzaste en tu vida?

____

____

____

¿Qué pasos estás dando hoy para acercarte a los sueños que todavía no lograste alcanzar?

____

____

____

Cerrando Ciclos

La esencia:

La vida es una sucesión de ciclos que comienzan y terminan; es algo que debemos asumir y aprender a gestionar, por eso en este capítulo hemos reflexionado en la importancia de cerrar etapas con gratitud, aprendiendo de cada experiencia y abriéndonos a nuevas oportunidades. También yo, al igual que todos, tuve que cerrar algún ciclo con dolor, pero también con la certeza de que todo forma parte de un plan mayor. Siempre que algo concluye deberíamos decirnos a nosotros mismos: "no llores porque terminó, sonríe porque existió".

El Néctar de la Reflexión:

1. *"Cerrar un ciclo es un acto de amor propio".*

2. *"Cada final es una oportunidad para un nuevo comienzo".*

3. *"El pasado nos enseña, pero no debe definirnos"*.

4. *"Cada experiencia vital no solo moldea nuestro presente, además nos forja para el próximo capítulo de nuestras vidas"*.

5. *"Cada paso y cada desvío se convierten en una etapa de crecimiento y una oportunidad de aprendizaje"*.

Permíteme unas preguntas:

¿Puedes identificar algún ciclo que hoy necesitas cerrar para seguir adelante?

____

____

____

¿Qué pasos consideras importantes para poner cierre a un ciclo?

____

____

____

¿Mirando atrás en tu historia de vida, ¿qué etapas importantes recuerdas haber cerrado?

____

____

____

Las Mujeres de Mi Vida

La esencia:

Este segmento del libro ha pretendido tener aroma de gratitud, pues aquí celebro la influencia de las mujeres que han dejado huellas indelebles en mi vida. Madres, hermanas, amigas, mentoras: todas fueron pilares fundamentales en diferentes momentos, mostrándome la fuerza, la sabiduría y el amor que define su esencia. Ellas son un testimonio de la capacidad inherente en las mujeres para levantarse y también para levantar a otros.

El Néctar de la Reflexión:

1. *"Cada mujer que cruza nuestro camino deja una chispa de su luz".*

2. *"Las mujeres no solo inspiran, también transforman vidas".*

3. *"El amor de una mujer es la fuerza más poderosa que existe".*

4. *"Vivo agradecida por la influencia de mujeres maravillosas; juntas, tejieron, y persisten en ello, la historia de mi vida con hebras de amor, coraje y sabiduría".*

Permíteme unas preguntas:

Te invito a identificar algunas mujeres que hayan influido de forma determinante en tu vida.

____

____

____

¿Qué palabras les dedicarías a esas mujeres?

____

____

____

¿Qué elementos de influencia recibiste de ellas?

____

____

____

Sentirme Vulnerable

REFLEXIÓN DEL CAPÍTULO 10

La esencia:

La vulnerabilidad, lejos de ser una debilidad, es una puerta hacia la conexión humana. Este capítulo explora cómo, al aceptar mis propias limitaciones, aprendí a fortalecerme emocionalmente y a construir relaciones más auténticas. Pude constatar que reconocer y compartir mi vulnerabilidad con las personas adecuadas, no me alejó de ellas, sino que consolidó los vínculos afectivos. Tan nocivo como mostrarme vulnerable con todo el mundo, es no hacerlo con nadie.

El Néctar de la Reflexión:

1. *"Vivir para satisfacer las expectativas de los demás es vivir en una constante lucha por sobrevivir".*

2. *"Ser vulnerable es atrevernos a ser vistos tal como somos".*

3. *"En la vulnerabilidad encontramos el coraje para crecer".*

4. *"Aceptar nuestra fragilidad nos permite descubrir nuestra verdadera fuerza".*

5. *"Priorizar tu bienestar emocional".*

Permíteme unas preguntas:

¿Cómo puedes usar tu vulnerabilidad para construir conexiones más profundas?

____

____

____

¿Qué áreas de vulnerabilidad te cuesta reconocer y exponer?

____

____

____

¿Qué personas en tu entorno son buenos candidatos para mostrarte vulnerable con ellos?

____

____

____

El Círculo de Apoyo

La esencia:

Ningún viaje importante se recorre en soledad. Mi recuperación y logros no habrían sido posibles sin personas que me rodearon con amor y apoyo. La esencia de este capítulo es destacar la importancia de rodearnos de quienes nos impulsan y creen en nosotros. Dime con quién andas y te diré quién eres no es solo sabiduría popular, también es una afirmación que podemos usar como medicina preventiva. Hay personas que nos ayudan a crecer y volar, otras, por el contrario, nos drenan, intoxican y destruyen nuestras alas. Seamos selectivos para vivir con calidad.

El Néctar de la Reflexión:

1. *"Dios se manifiesta en cada una de las personas que nos rodean, en esos ángeles terrenales que nos ofrecen su apoyo incondicional".*

2. *"Un círculo de apoyo es un refugio en tiempos de tormenta".*

3. *"Rodearte de personas que te eleven es un acto de autocuidado".*

4. *"La fuerza de una red de apoyo está en el amor desinteresado que la une".*

5. *"La motivación y el respaldo constante de quienes me rodean son motores que impulsan mi recuperación día a día".*

Permíteme unas preguntas:

¿Quiénes forman en la actualidad tu círculo de apoyo?

____

____

____

¿Cómo puedes fortalecer esas relaciones?

____

____

____

¿Qué retos enfrentas ahora mismo en los que personas de apoyo podrían serte de ayuda?

____

____

____

¡Que Cada Día Cuente!

La esencia:

La vida es demasiado breve para dejarla pasar sin propósito. Cada día es cofre que contiene 24 diamantes, 1440 esmeraldas y 86400 zafiros. ¿Qué haremos con esa riqueza? Cada jornada es una oportunidad para avanzar, para amar y para construir algo significativo. Este capítulo es un recordatorio de que no debemos dar por sentado ni un solo momento.

El Néctar de la reflexión:

1. *"No cuentes los días, haz que los días cuenten".*

2. *"La vida se mide en momentos vividos, no en días acumulados".*

3. *"Cada amanecer es una oportunidad para reinventarte".*

4. *"La vida no debe ser simplemente ocupar un espacio, sino vivir con propósito, utilizando los dones que Dios me dio".*

5. *"Es bueno intentar ayudar a la gente gris, pero evitando que nos roben los colores".*

Permíteme unas preguntas:

¿Cuáles son las principales fortalezas que identificas en tu vida?

____

____

____

¿Cómo puedes fortalecer esos dones y habilidades que tienes?

____

____

____

¿Qué harás hoy para que sea un día memorable?

____

____

____

La Mujer en la que Quiero Convertirme

La esencia:

Este capítulo explora el ideal de la mujer que deseo ser: una persona resiliente, amorosa, valiente y fiel a mis valores. Más allá de los roles que desempeñamos, lo importante es construir una versión nuestra que refleje autenticidad y propósito. Lo que hacemos nace de lo que somos, pero no es nuestra identidad. Más importante que lo que hago es lo que soy, mi función no determina mi valor, de otro modo, si pierdo una función o posición, perderé mi identidad. Cultivar nuestro carácter es crear nuestro destino.

El Néctar de la Reflexión:

1. *"La mujer que quiero ser está en construcción todos los días".*

2. *"No hay metas inalcanzables cuando trabajas con intención".*

3. *"Ser fiel a ti misma es el mayor acto de valentía".*

4. *"Las cicatrices que llevo, tanto físicas como emocionales, no son solo marcas del dolor pasado, sino testimonios vivos de que soy capaz de surgir invicta de las batallas".*

5. *"Parte del equilibrio en la vida implica aprender a pedir ayuda cuando sea necesario".*

Permíteme unas preguntas:

¿Cuáles son las características de la persona que quieres ser?

____

____

____

¿Qué aspecto de esa persona que quieres ser te resultan más difíciles de desarrollar?

____

____

____

¿Cómo puedes dar un paso más hacia la persona que aspiras ser?

____

____

____

La Meta es Clara

La esencia:

La claridad de propósito es fundamental para avanzar. Quien no sabe a dónde quiere ir, siempre errará el camino. Hoy puedo asegurar que dos días de enorme importancia son: el día en el que nací, y el día en el que descubrí el propósito para el que nací. Este capítulo narra cómo establecer metas claras me permitió superar los momentos de duda y mantenerme enfocada en lo que realmente importa.

El Néctar de la Reflexión:

1. *"Una meta clara es como un faro que guía incluso en las noches más oscuras".*

2. *"Sin dirección, cualquier camino parece correcto".*

3. *"Cuando la meta es clara, el esfuerzo vale la pena".*

4. *"Superar desafíos nos acerca más a nuestra meta, al igual que cada giro correcto nos aproxima a nuestro destino final".*

5. *"Cada avance, por pequeño que parezca, representa una victoria en el camino".*

Permíteme unas preguntas:

¿Cuál es tu meta más importante? Intenta definirla lo más detalladamente posible.

____

____

____

¿Qué estás haciendo actualmente para alcanzar esa meta?

____

____

____

¿Qué valores y capacidades tienes para lograr ese objetivo? Un análisis de tus cualidades te motivará a perseguir la consecución de tus metas.

____

____

____

Levanta la Mano y Pide Ayuda

La esencia:

Aprender a pedir ayuda fue una de las lecciones más desafiantes y liberadoras de mi vida. Una de las grandes enseñanzas que asumí en la vida es que una persona edifica una casa, pero un equipo construye un reino. Solicitar ayuda cuando lo necesitamos no es solo un gesto de humildad, sino un síntoma de sabiduría. Este capítulo reflexiona sobre la verdad de que reconocer nuestras limitaciones no nos hace débiles, sino humanos. Asimismo, intenté poner de relieve en este segmento del libro la manera como la colaboración nos fortalece.

El Néctar de la Reflexión:

1. *"Pedir ayuda no es rendirse, es buscar fortaleza en los demás".*

2. *"La humildad de reconocer que no podemos solos abre la puerta a la verdadera conexión".*

3. *"El apoyo de otros transforma lo imposible en alcanzable".*

4. *"Aceptar la ayuda no es signo de debilidad, por el contrario, denota humildad y valentía".*

5. *"El acto de pedir ayuda no solo fue esencial en mi rehabilitación física, también ha sido un catalizador para mi crecimiento personal y mi conexión con los demás".*

Permíteme unas preguntas:

¿Qué áreas de tu vida necesitan el apoyo de alguien más? Enuméralas a continuación.

____

____

____

¿Qué te impide solicitar esa ayuda?

____

____

____

¿Qué personas de tu entorno identificas como posibles recursos? Te animo a que reflexiones también en cómo iniciar esa solicitud de ayuda.

____

____

____

Haciendo Historia

La esencia:

Este capítulo celebra los logros individuales y colectivos, mostrando la realidad de que nuestras acciones personales dejan una huella en el mundo. Cada uno de nosotros, sin excepción, tiene el poder de ser un agente de cambio. Asumir esta realidad nos hace conscientes de que, no solo podemos afectar positivamente nuestro entorno, sino que debemos hacerlo para ser felices y proyectar felicidad.

El Néctar de la Reflexión:

1. *"El día en que dejes de aprender, dejarás de crecer"*.

2. *"Cada acción tiene el potencial de cambiar el curso de una historia"*.

3. *"Hacer historia comienza con pequeños actos de valentía"*.

4. *"Sabiduría es el conocimiento refinado por la experiencia".*

5. *"El impacto de nuestras vidas se mide en las huellas que dejamos en otros".*

Permíteme unas preguntas:

¿Qué legado quieres construir con tus acciones hoy?

____

____

____

¿Qué te impide comenzar a construirlo?

____

____

____

¿Hay algún área de conocimiento que te gustaría fortalecer para dejar ese legado?

____

____

____

Una Vida en Propósito

La esencia:

Vivir con propósito significa alinear nuestras acciones con nuestros valores y pasiones. En este capítulo he invitado al lector a reflexionar sobre cómo encontrar significado en lo que hacemos, porque desarrollar actividades sin un propósito concreto, nos mantendrá activos, pero no nos hará efectivos.

El Néctar de la Reflexión:

1. *"Una vida con propósito es una vida con plenitud"*.

2. *"Cuando tu meta es clara, nada ni nadie logrará desenfocarte"*.

3. *"El propósito no se encuentra, se construye cada día"*.

4. *"Cuando actúas desde el propósito, todo lo demás cobra sentido"*.

5. *"Cuando hay propósito, incluso los tropiezos serán caídas hacia adelante que nos aproximen a la meta".*

Permíteme unas preguntas:

¿Qué propósito guía tus decisiones diarias?

¿Hay actividades que llenan tu agenda sin un propósito? Si las hubiera, enuméralas.

¿Qué te impide dejar de hacer todas esas cosas que no están alineadas con tu propósito de vida?

Ángeles en el Camino

La esencia:

Puedo decir con toda seguridad y enorme gratitud que a lo largo de mi vida he encontrado a personas que actuaron como ángeles, ayudándome en momentos de dificultad y recordándome que en el mundo todavía existe genuina. Este capítulo fue un sincero homenaje a todos ellos, a la vez que intenta ser un recordatorio de que aún quedan ángeles en la tierra. No todo es malo ni todos son malos, gracias a Dios la bondad sigue siendo una hermosa realidad que nos acompaña.

El Néctar de la Reflexión:

1. *"Los ángeles en la vida no tienen alas, pero su ayuda es milagrosa"*.

2. *"Cuando nuestras fuerzas parecen flaquear, es cuando emergen las mejores cualidades del ser humano"*.

3. *"Confiar en la bondad de quienes nos rodean y en nuestra capacidad de enfrentar la adversidad nos permite descubrir la grandeza que reside en cada uno de nosotros"*.

4. *"Las personas correctas llegan cuando más las necesitas"*.

5. *"La bondad de otros es un recordatorio de que no estamos solos"*.

Permíteme unas preguntas:

¿Quiénes fueron ángeles en tu vida? Intenta enumerar a varios de ellos.

____

____

____

¿Puedes recordar la manera en que obraron para tu bien?

____

____

____

¿Cómo podrías agradecerles? ¿Se te ocurren algunas palabras o acciones para mostrar tu gratitud?

____

____

____

Soy Fabulosa Exactamente Como Soy

La esencia:

Este capítulo celebra la aceptación personal, recordándonos que somos suficientes tal como somos. La falta de aceptación nos lleva a la comparación, y esta siempre resulta negativa. Si me comparo con alguien que es peor que yo, me puedo enorgullecer. Si me comparo con quien es mejor, me puedo deprimir. Cuando me acepto y aprecio, tengo paz y la proyecto a quienes me rodean. La autenticidad es nuestra mayor fortaleza.

El Néctar de la Reflexión:

1. *"No necesitas ser perfecto para ser fabuloso".*

2. *"Aceptarte a ti mismo es el primer paso hacia la verdadera felicidad".*

3. *"La autenticidad es la clave para vivir una vida plena".*

4. *"La vida me ha enseñado que no se trata de esperar a que pase la tormenta, sino de aprender a bailar bajo la lluvia".*

5. *"El desafío no está en las situaciones que no podemos cambiar, sino en la capacidad de adaptarnos".*

Permíteme unas preguntas:

¿Qué aspectos de ti necesitas aceptar con más amor?

____

____

____

¿Recuerdas haberte comparado con otras personas y las consecuencias emocionales de ello? Reflexiona al respecto.

____

____

____

¿Puedes hacer una descripción de los tesoros que dispones como persona?

____

____

____

Vivir en Agradecimiento

La esencia:

Este capítulo supone el cierre del libro y lo hago abordando la importancia de la gratitud como filosofía de vida. Vivir agradecidos no significa ignorar los desafíos, sino reconocer que cada experiencia, buena o mala, nos enriquece y nos ayuda a crecer. La gratitud nos conecta con lo esencial, nos permite valorar lo que tenemos y a quienes tenemos, y nos impulsa a seguir adelante con esperanza. Aprendí que agradecer no solo es un acto de cortesía, sino una forma de transformar nuestra perspectiva y nuestra vida.

El Néctar de la Reflexión:

1. *"La gratitud transforma lo que tenemos en suficiente"*.

2. *"El corazón agradecido haya alegría aún en las dificultades"*.

3. *"La gratitud nos permite ver el rayo de luz en el día más sombrío"*.

4. *"Agradecer no cambia el pasado, pero enriquece el presente y construye el futuro".*

5. *"Dentro de mí hay una fuerza que trasciende el miedo, una llama que se enciende en los momentos más oscuros, recordándome que soy capaz de superar cualquier adversidad".*

Permíteme unas preguntas:

¿Por qué cosas puedes dar gracias hoy? Medita en las bendiciones y cosas positivas que disfrutas.

____

____

____

Enfócate ahora en aquello que vives y no parece agradable. ¿Crees que puedes dar gracias por alguna cosa positiva que extraes de ello?

____

____

____

¿Puedes echar una mirada al pasado y recordar algún hecho que pareció negativo, pero te hizo crecer y madurar?

____

____

____

Introspección Final...

¡Felicidades! Has llegado al final de esta guía de reflexiones. Antes de culminar, deseaba presentarte una última serie de preguntas generales para fomentar la introspección, encontrar fortaleza interior y reflexionar sobre cómo podemos levantarnos en momentos difíciles:

1. Reconocimiento personal:

• ¿Qué emociones predominan en los momentos difíciles y cómo las enfrentas?

____

____

____

- ¿Qué necesitas fortalecer para superar los desafíos actuales?

____

____

____

2. Lecciones aprendidas:

- ¿Qué aprendes de esta situación sobre tus capacidades y límites?

____

____

____

- ¿Qué experiencias pasadas te han demostrado que eres más fuerte de lo que creías?

____

____

____

3. Red de apoyo:

- ¿A quién puedes recurrir para pedir apoyo en este momento?

____

____

____

- ¿Qué podría ayudarte a encontrar claridad y fuerza?

____

____

____

4. Propósito y motivación:

- ¿Qué propósito mayor te motiva a levantarte y seguir adelante?

____

____

____

- ¿Cómo podrías transformar este desafío en una oportunidad para crecer?

____

____

____

5. Gratitud y resiliencia:

- ¿Qué aspectos positivos ves en medio de esta dificultad?

____

____

____

- ¿Cómo podrías usar la gratitud como un motor para avanzar?

____

____

6. Acciones concretas:

- ¿Qué pequeños pasos puedes dar hoy hacia una solución?

____

____

____

- ¿Qué hábitos o pensamientos cambiarías para mejorar?

____

____

____

7. Fe y confianza:

- ¿Qué te ayuda a confiar en que este momento pasará y que algo mejor está por venir?

____

____

____

- ¿Cómo puedes entregar tus preocupaciones a algo más grande que tú?

____

____

____

Acerca de la Autora

SOEMI MORALES GONZÁLEZ

Empresaria, conferenciante y consultora natural de Camuy, Puerto Rico, experta en administración de fondos federales y finanzas, asesorando a gobiernos municipales y estatales. Como presidenta de Morsom Group, apoya a empresarios en el logro de sus metas, además de destacar como conferenciante internacional y columnista en temas de fraude y cumplimiento. Con una certificación en Auditoría Forense de la Universidad para la Paz, certificaciones en liderazgo y coaching y entrenamientos continuos en la NGMA, combina su experiencia profesional y personal para inspirar a otros a superar desafíos y alcanzar el crecimiento. Disfruta de la lectura, viajar y pasar tiempo junto a su hijo, Francisco.